FIDÈLE REBELLE

« Paroles vives »

Jean Cardonnel

FIDÈLE REBELLE

Préface d'Albert Jacquard

Albin Michel

Albin Michel
▪ *Spiritualités* ▪

Collections dirigées par
Jean Mouttapa et Marc de Smedt

22, rue Huyghens, 75014 Paris

ISBN 2-226-07021-4
ISSN 1151-9061

A Élie-Yvonne CARDONNEL

et à toutes celles, tous ceux
qui me font leur dernier
nouveau-né,
venu sur le tard à l'heure
où ils ne l'attendaient plus,

ma naissance
re-connaissante.

Préface

Lire les mots de Jean Cardonnel, c'est entendre sa parole. Entendre sa parole, c'est se trouver emporté par un torrent; un torrent de phrases et d'idées, d'images et d'histoires, nous acculant à des révisions fondamentales, douloureuses, libérantes, d'évidences trop facilement acceptées. Avec lui tout est chair et tout est verbe.

Vous plongez dans ces pages, et vous voici participant à un échange entre lui, vous, et Dieu (ou, si vous préférez, Jésus-Christ, mais c'est tout Un). La voilà bien, la Trinité.

Bien sûr, vous n'en sortirez pas indemne. Et si vous êtes Karol Wojtyla, dit Jean-Paul II, vous risquez de passer des nuits blanches, jusqu'à la fin de vos jours terrestres.

Car, avec J. C., les concepts retrouvent leur fulgurance d'origine, la fraîcheur de leur source; les mots sont ragaillardis d'être chargés de leur sens véritable, quand leur usage inconsidéré, machinal, les avait usés jusqu'à la corde.

Comment avais-je pu les entendre et les prononcer,

ces mots, sans voir ni sentir les trésors qu'ils nous livrent ? Que de fois j'ai, sans surprise, sans émotion, lu que Jésus était le « Fils de l'Homme » : c'était devenu une ritournelle insipide. Jean Cardonnel en montre la signification évidente et va jusqu'au bout de sa lucidité : Dieu, mon fils, n'est pas vieux, il est le dernier-né. Il est à venir.

Pour le biologiste, c'est toute la vision de l'évolution qui prend un sens nouveau. Depuis son origine inaccessible, notre univers sécrète des objets de plus en plus riches, plus complexes, plus dotés de pouvoirs. Localement, il vient de produire son chef-d'œuvre, l'homme, capable de savoir qu'il est, que demain sera, et que cet avenir dépend de lui. Il n'est pas attiré par un éventuel « point Oméga »; il a à construire le chemin vers un inaccessible aboutissement. A lui de choisir la nature des rapports qui relient les hommes : la domination ou le respect.

Ces liens entre hommes sont la source la plus probable de leur conscience. Leur patrimoine génétique ne leur apprend pas à dire « je ». Ce « je » vient des « tu » entendus. « Je suis les liens que je tisse. » Cette phrase que j'écris en bon scientifique, matérialiste par respect de la règle du jeu, je l'entends tout autrement après avoir lu Jean Cardonnel. Il ne s'agit plus d'une cabriole intellectuelle permettant d'échapper à un paradoxe. C'est de mon sort qu'il est question, de mon moi essentiel, qui n'a donc de réalité que dans l'échange. N'est-ce pas tout le sens de la célèbre affirmation : « Lorsque vous serez plusieurs réunis, je serai parmi vous »? L'autre, moi, l'échange; encore la Trinité.

Jamais titre de livre n'a aussi bien été en accord avec le message contenu. La fidélité n'est créatrice que si elle est au service d'une rébellion toujours plus intransigeante. La rébellion n'est féconde que si elle est inspirée par la fidélité à une exigence toujours plus rigoureuse. J. C. nous aide à devenir des fidèles définitivement rebelles, des rebelles définitivement fidèles.

Albert JACQUARD

I

Naissance du Verbe

1

Au commencement

Tout commence il y a une dizaine d'années par un coup de téléphone : « Je suis le fils de Palapala. » C'était la voix du plus jeune fils d'un collègue de mon père au lycée de Figeac, ma ville natale dans le Lot. Ce professeur qui maintenant est mort veillait sur moi quand mon père et ma mère ne se trouvaient pas là. C'est ainsi qu'il fut le témoin de mes premiers pas et sans doute de mon premier mot. Cet homme bon et bougon, je l'appelais Palapala. Il n'est pas certain que je le désignais, lui, par ce nom qui signifiait plutôt une absence. Pas là pas là. Il n'est pas là papa. Et lorsqu'il mourra des suites de 14-18, la plus idiote de toutes les guerres qui sont plus idiotes les unes que les autres, et bien avant l'âge où l'on meurt de mort normale pour un être mortel, j'ai mûri ma première révolte, fidèle à mon premier cri : « Pas là pas là papa », pas là où on l'a mis à l'heure où sonnait le glas de la petite église de Labarre près de Foix dans l'Ariège. Et je n'en finirai pas d'affirmer pour n'importe qui, au long d'enterrements multiples ou d'incinérations :

personne n'osera dire que celui-ci ou celle-là n'est plus. Point final. Déclarons simplement : il n'est plus là où nous avions l'habitude bien ancrée de le voir. Mais déduire du fait que, ne se trouvant plus là où nos habitudes étaient prises de le rencontrer, il n'est *plus du tout,* quel manque de rigueur et d'imagination !

Mon père avait quarante-deux ans quand il est parti et moi quatorze quand je suis resté. Largement assez pour demeurer inconsolable et trop peu pour avoir vécu toute l'amitié d'égal à égal d'une conversation ininterrompue que promettait le regard chaleureux dont je suis né. Il y avait dans ce papa plus là beaucoup trop tôt la tendresse d'une maman qui, fidèle, serait toujours là avec moi jusqu'en 1989. Gracieusement belle, irréductible elle-même, elle était l'expression féminine de mon papa éternel.

Du plus loin que je me regarde, j'ai la fidélité dans la peau et la rébellion dans le sang. Fidèle rebelle. Deux maîtres mots qui n'en font qu'un et dont personne n'a pouvoir d'affirmer quel est celui qui sera l'épithète de l'autre. Fidèle à ma rébellion fondamentale ou rebelle par fidélité ? Toujours est-il qu'une parole qui se donne et se reprend quelques années plus tard, comme la moindre capitulation devant le fait accompli, m'est une injure personnelle. Elle me blesse à mort au point de me donner la force d'en resurgir plus vif que mort. Déjà je ne souffre pas. Je me bats et mes blessures sont des blessures de combat.

Je suis plus entêté que les faits ne sont têtus car j'ai la fidélité dans la peau. La rébellion contre le « c'est comme ça, nous n'y pouvons rien » est la circulation de mon sang. Le timbre de la voix de mon « père maternel » se fait musique à mon oreille fidèle et ne s'éteint pas. Il est toujours là, en chair et en os, qui éclate d'un rire naïf irrécupérable par la mort et lance le défi : « Je comprends mal la colère du Dieu qu'exaspère le beau cri des hommes : *Nom de Dieu!* Moi, à supposer qu'une foule hurle *Nom de Cardonnel!*, j'en serais délicieusement flatté. » Mon père me fit partager dès mes cinq ans l'horreur que lui inspirait le Dieu de La Hire, l'un des compagnons de Jeanne d'Arc. Il m'a raconté la prière de la brute d'en bas à la brute d'En Haut avant la bataille, le pillage et le carnage : « Messire Dieu, faites pour La Hire ce que vous voudriez que La Hire fît pour vous s'il était Dieu et que vous fussiez La Hire! » Quel extraordinaire va-et-vient du plus démoniaque de Dieu au plus inhumain de l'homme, de l'inhumanité de l'homme au pire Dieu!

Il n'est pas là pas là mon tendre papa au-dessus de moi, pas plus que le Papa petit frère de tous ne peut être « au-dessus de tout », ce qui le ferait au-dessous de tout. Car le timide et hardi Papa créateur du monde des vivants est à l'image de mon papa, unique, lui-même à l'image, ressemblance, émulation créatrice du Père maternel d'incroyable fraternité qui rêve follement de faire son égale toute la création. Voilà ce à quoi je songeais quand s'ébauchaient les premières lignes de mon imagination et de ma mémoire, conjuguées dans le ventre délicat de maman où il faisait bon et chaud, bien qu'un peu j'y étouffais.

Ma vie s'est poursuivie au rythme de Palapala, mon leitmotiv et, en fin de compte, mon unique bateau et mon dada. Bon nombre des miens – famille et ordre dominicain qui n'y comprenaient rien – ont qualifié d'esquifs et de coursiers d'une invincible Armada mes convictions, dont les inquiétait la permanence. Ils auraient préféré que je butine d'une idée courte à une autre idée courte. Ils collèrent et collent encore sur ma litanie passionnée l'étiquette péjorative de « bateau » ou « dada ». Il est vrai que j'enfourche, chevauche les utopies, pique des deux pour foncer sur l'ennemi à grands coups de verbe, et mon navire chargé d'intuitions fend les flots trop disciplinés. Le tout à la cadence de la chanson fidèle : Palapala. Vous le cherchez, l'Exécuté, le cloué au bois pour crime de lèse-Majesté divine? Il n'y est pas là, pas là dans la tombe où ils l'ont mis. Il vous précède à la frontière du rêve et du réel que ne flairent pas les bornés au trou. Puis, mon Palapala prit une ampleur de peuple et de foule qu'il n'était question pour personne d'oser calculer. Je dis du plus quelconque des hommes et de la plus insignifiante des femmes : il n'est pas là, pas là où on lui impose de rester, de se figer une fois pour toutes. Il en sortira, de sa catégorie, de sa place, de son carcan, de sa définition; elle ne s'en tiendra pas là où on l'a mise, la pauvre petite à la vie infligée.

C'est ainsi que la famille m'appela bientôt « idée fixe » parce que je m'endormais sur une idée, me réveillais sur la même, mobile et non pas fixe, alors qu'il eût été plus normal d'en avoir changé plusieurs fois, l'espace d'un sommeil.

Je suis né du verbe de mon père et de la musique de ma mère. Ils formaient un tel couple de parole et musique liées pour mettre au monde, que ne les gâchait pas la mise en ménage. Alors vint mon frère. Il naquit lui aussi d'un accord parfait de Doña musique et du poète des fables qui disait comme personne au monde : « Deux pigeons s'aimaient d'amour tendre ». D'abord il m'intimida. Il me suivait d'à peu près vingt mois, mais je fus dans la douce et fraternelle obligation de chasser un droit d'aînesse périmé. D'ailleurs, il m'impressionnait. Il sut très vite tout faire de ses dix doigts tandis que je me demandais, perplexe, de quelle manière je pourrais bien m'en servir. J'étais aussi gauche, emprunté, empoté qu'il se montrait adroit. Il avait une si riche palette de dons et de talents, capable d'extraordinairement dessiner, peindre paysages et physionomies, que je le regardais vivre comme un beau tourbillon. Il regorgeait d'invraisemblables dons. Je n'étais que doué, donné à j'ignorais quoi. Mais nous avions tout si fort en commun qu'il était inévitable qu'une même petite fille reçût notre premier hommage d'amour. Entre Jean et Jacques s'insinuait Jacqueline : « Quand je serai grand, je me marierai avec Jacqueline. – Non, pas toi, mais moi. – Non, moi seul. » Je tenais à marquer ma supériorité par une plus grande excellence dans l'art de concilier, sans le moins du monde me douter du caractère immoral de ma proposition : « Écoute, Jacques, on fera un jour chacun. »

Nous étions inséparables et, à l'école communale de Guéthary, au pays basque, quand il fallait nous quitter, la récréation terminée, pour regagner nos classes respectives, nous tombions dans les bras l'un de l'autre en adieux déchirants qui s'imaginaient les derniers. Mais la sortie réunissait ceux qui avaient été interminablement séparés. Tous les deux nous filions alors d'une fuite éperdue, au grand galop : il s'agissait de franchir la courte distance que nous imaginions formidable, au moins d'un monde et d'un siècle à un autre, de l'école à la maison. Car Jacques et moi, nous vivions dans l'attente du miracle que l'univers et son auteur, s'il en existait un, nous devaient en toute justice. Ce miracle, c'était la guérison de papa. Parce que la guerre n'allait pas seulement le tuer. A peine vingt ans après le retour très provisoire à la paix, elle avait commencé par l'empêcher de marcher. Je l'ai vu un jour allongé, le torse et la jambe dans le plâtre, sur une planche que l'on nommait un bateau. J'accepte mal l'allusion à mes bateaux ou thèmes favoris puisque je n'ai qu'un seul bateau où je rame de toutes mes forces à contre-courant, et c'est le bateau sur lequel je vois, je verrai toujours mon père, sept ans couché par la faute de la plus idiote des guerres qui sont plus idiotes les unes que les autres. Je ne l'abandonnerai jamais, mon unique bateau où je navigue près de mon frère en compagnie de mon papa, déjà comme Jésus l'insurgé, de mèche avec son Père partisan. Il me parle, et sa voix m'atteint, de son bateau, sa planche d'où il s'est levé pour retomber une dernière fois, qui précéda le glas du 10 août 1935 à la petite église de Labarre près de Foix en Ariège où nous ne sommes pas allés le voir enterrer, tous les trois, tant la tristesse nous submergeait, radicalisée par la conviction que le monde se devait d'enfin s'arrêter de tourner pour ne pas faire son détestable travail de deuil du papa plus là. Au son du même glas, au lendemain du Noël 1989, au même cimetière, est allée le rejoindre ma mère. Comment aurait-il pu en être autrement? Unis aujourd'hui à la mort à la vie comme ils le furent à la vie à la mort, l'un près de l'autre, l'un avec l'autre en une seule chair, ils attendent l'universelle Résurrection de la chair. Ils attendent le soulèvement de tous les morts de tout leur amour, fidèle rebelle à une légion d'ordres et de mots d'ordre, absolu contre-ordre dont je suis né.

Élie et Yvonne n'en finissaient pas, et n'en ont jamais fini de mettre au monde d'un nouveau contrat social Jean-Jacques Cardonnel, l'unique auteur en deux frères. Auteur non pas des « rêveries d'un promeneur solitaire », mais du rêve d'un baladin solidaire peuplé d'humanité parce que porteur des initiales de la Parole incarnée au nom si connu, archiconnu qu'il en est méconnu :

J.C.

Aujourd'hui, ils me manquent tous les deux, mon père et ma mère, à en mourir, aussi cruellement que je suis sûr qu'ils attendent, vainqueurs, l'universelle Résurrection des morts. Mais il n'est pas un seul ami, une seule amie à qui je n'aie parlé de ma mère. J'entends alors les voix amicales : « Que j'aurais aimé la connaître! » Et je réponds : « Mais voyons, je pensais que tu avais de moi une pleine connaissance : qui me voit, voit ma mère ». Et je me surprends à dire la même chose de mon père qui est allé depuis plus longtemps se reposer en voyant Dieu. Je m'aperçois étonné que je prononce la parole, interprète et crée le rôle du Verbe de chair et de sang : « Philippe, il y a un bon moment que nous sommes ensemble et tu ne me connais pas encore? Qui me voit, voit mon Père. »

Décidément, je ne saurai jamais distinguer ce que je rêve et crois de ce qui a lieu, pas plus qu'une frontière infranchissable ne sépare ce qui a lieu de ce que je rêve et crois. Le réel est couleur de rêve doublement cru d'intrépide foi et d'âpre crudité. Je le tiens pour le seul vrai. Je le disputerai sans fin à ceux qui le débitent en tranches quotidiennes de mesquine réalité. Puisque aucun souvenir précis ne me reste de ma vie intra-utérine, mon imagination peut se donner libre cours et inventer à profusion, à pleine confusion créatrice.

Je me revois donc comme si c'était hier, et ma joie est du tonnerre de vous mimer, représenter l'aventure qui m'est aussi singulière qu'elle constitue le lot commun de tout un chacun. J'étais donc en ce temps-là un petit fœtus rêveur, frondeur, acteur à rendre jaloux Molière adulte. Sous le poids énorme d'ancêtres aplatis et rabougris par les tics et plis séculaires reproduits à l'infini, je respirais mal et me sentais coincé de tous les côtés déjà normalisés. J'adoptais d'instinct, à la fois défensif et offensif, la position du lutteur décidé, rusé, comédien précoce. Je me calfeutrais, me pelotonnais sans m'édredonner en évitant de trop me recroqueviller. Je me roulais en toute petite boule et bulle afin de me rendre invisible à l'hypothétique intrus gigantesque. Je m'incurvais, me piroguais, me pagodais, me gondolais, me bananais, me ramassais, me rassemblais, microcosmiquement globalisé face aux appétits multiples de morceler. Je m'éprouvais tiraillé entre mon besoin de ne pas bouger du lieu où j'étais, mon bocal initial, et l'impatience de rugir, bondir, sortir, sauter pour réussir mon premier numéro d'auteur-acteur. Je fourbissais mes armes au plus retiré de ma cabine maternelle. Je préparais mille fois mes répliques. J'affinais mon mordant qui expédierait au tapis, la mâchoire pendante, la sauvage brute adulte familiale, professionnelle et militaire, à l'intention hideuse, meurtrière de mon rêve grandiose pré-enfantin. Ce qui m'a tout de suite rassuré, je m'en souviens d'imagination débridée, c'est le rire de mon père que me transmettait fidèlement la musique cristalline de ma mère. Ils m'ont fait tous les deux saisir le fondement des droits de l'homme et du citoyen : partir ensemble d'un fantastique éclat de rire. Sinon, à peine quelques-uns ricanent que les autres pleurent des larmes de sang. Mon acte de naître qui est d'abord un acte d'acteur, l'acte pur de toute passivité, tête fonceuse exagérée, trop grosse pour le reste du corps entraîné jusqu'au petit derrière dans son sillage pensant, ne doit sa frémissante réussite qu'à l'art pratiqué par mon père et ma mère de se connaître. Il faut la virtuosité (nom latin de la vertu) de l'acte inventif mutuel d'un homme et d'une femme pour qu'un petit, une petite d'humanité, interprète, crée, réalise son acte personnel de naître. Ils n'ont pas pensé à moi, mon père et ma mère, quand ils se sont amoureusement connus par-delà les savoirs ridicules de l'amour vieux, vieilli comme le monde sénile. Je les entendais d'oreille prénatale, se confier si fort, si tendrement, cœur à corps l'un à l'autre, que j'en suis né. Comme le Père et son Verbe, sa Parole, son Fils ne pensent jamais à l'Esprit vif, au tiers inclus, leur lien. Mais ils se rêvent, s'imaginent, se confient tellement l'un à l'autre leur projet fou de salut du monde que l'Esprit de feu en jaillit pour la libération des peuples.

Mon acte de naître rendait un son poétique et politique. L'aventure de ma vie dès ma naissance est révolutionnaire du mouvement même qui la constitue trinitaire. Tout acte de naître est transgresseur des frontières entre les multiples créatures et un Seul qui aurait le monopole de la création. Il n'y a plus de créatures sublunaires que lorgne d'un œil torve et distrait leur fabricant. Il n'y a désormais, foi de mon rêve prénatal et de ma naissance, qu'une fantastique conspiration créatrice. Un seul acte de naître actualise et plonge dans l'histoire la Trinité, ce nom féminin de Dieu. Par-delà l'espèce humaine, il lance tout nouveau-né vers son horizon d'humanité, ce beau nom féminin singulier des hommes, femmes, enfants et peuples au pluriel.

Je m'en souviens, c'est bien ce que je voyais, d'un regard confiant épouvanté, quand mes petites tripes se nouaient de peur à l'instant où, au triple galop, je dévalais les pentes maternelles, rythmé par l'*Allêluia* de Haendel au plus vif de sa forme pascale, pour effectuer sans filet le premier acte de tous mes actes. Aussi, vous me permettez de doucement rigoler lorsqu'on me dit à propos de ma foi : « Tu n'évites pas le saut dans l'inconnu. » Voyons, je l'ai fait comme toi ! Et puis, j'aime mieux sauter dans l'inconnu qui me chérit d'amour, d'estime admirative que moisir, pourrir, mourir dans le connu archiconnu mille fois conçu des institutions reconnues qui me tuent au ralenti.

Mais au moment où, un peu plus tard, je lisais, dévorais tout ce qui me tombait sous la main, une image rabelaisienne m'intriguait. J'y percevais on ne sait quel honteux sous-entendu : « Ils faisaient la bête à deux dos. » Quand me vint la compréhension, la fureur me saisit. Se révélait à moi le mauvais côté, l'aspect mysogine de Rabelais. J'étais certain de n'être pas du tout né du jeu de la bête à deux dos, l'homme surplombant, plaquant au sol, sur le tapis, dans un fossé ou dans un lit, la femme prise, domptée, même de son plein gré. Mon père n'a pas écrasé ma mère de tout le poids d'une malignité subtile ou brutale de mâle. Ils ne se sont pas possédés mais donnés d'un don mutuel. L'homme vrai n'est pas l'occupant du territoire colonisé que serait la femme. Cette épouvantable occupation – viol légalisé ou illégitime, peu importe! – de la femelle par le membre viril de la bête masculine, chacun sait qu'en termes militaires on l'appelle la position du missionnaire, ce qui en dit long à la fois sur les visions ordinaires de l'amour amoureux et de l'évangélisation.

Maintenant, je vais me déchaîner, à grands coups de chaste gauloiserie, contre l'immonde saloperie qui se dissimule sous les dehors du respectable des corps constitués. Nous sommes en réalité structurés, du sexuel à l'économique et au politique, par le libre-échange des bons et mauvais procédés de la bête à deux dos du « tout est marché ». Le vocabulaire du troupier délicat est aujourd'hui devenu celui de toute la société. Le *To be or not to be* d'Hamlet se réduit sur le marché au cruel dilemme : ou on baise ou on est baisé. Je récuse joyeusement et furieusement l'alternative du baiseur ou du baisé, qui n'est que la vérité dite crûment de l'employeur et de l'employé, de l'enseignant et de l'enseigné, du gouvernant et du gouverné. Pauvres pantins désarticulés de politiciens qui ne voient la vie qu'en forme minable d'alternance de baiseurs et de baisés, du versant droit et du versant gauche de la montagne du capital! Cette alternance sexualo-économico-politique et financière, c'est l'ersatz de la connaissance mutuelle face à face, épanouissement magnifique d'utopie réalisée, rayonnante d'acte de naître!

Le terme « faire l'amour » est encore trop bas pour désigner le chef-d'œuvre de mon père et de ma mère. Comme si l'acte d'amour était une technique amoureuse! Ils n'ont pas fait l'amour, mon père et ma mère, ils n'ont fait qu'une seule chair dont je suis né. Je serai fidèle jusqu'à la mort, et plus loin encore, aux implications étourdissantes de mon impayable acte de naître rebelle aux stériles reproductions en série mortelle du même abruti d'animal raisonnable et rentable, comme mon père et ma mère sont fidèles jusqu'à la mort, et plus loin encore, à leur acte mutuel de se connaître, rebelle aux contorsions du baisage alternatif. Elle sentait si bien de tout son corps où je me nichais, cachais, maman, que je pressentais le mystère adorable et musical de sa tendre fougue d'accord avec le génie du verbe de mon père. Elle me devinait d'un jeu cocasse de cache-cache, à l'écoute du *Prélude* de Chopin qu'elle jouait pour moi tout seul en son château intérieur, dont sa virtuosité faisait mon premier nid. De ce *Prélude,* elle m'a bercé jusqu'au jour de sa mort et plus loin encore. Personne ne le joue comme elle, de toute son âme vibrante des vibrations du monde brodé d'une juvénile fraternité. Je la vois, je la verrai toujours à son piano, avec son mince profil vierge de toute mondanité. C'était mon cri qui lui arrachait l'âme des moindres frémissements de son corps : « La montée, maman, toute la montée! » Elle ne s'arrête plus désormais de monter d'une éternelle fugue fougueuse où se blesse à mort l'insurgé ressuscité. Chaque fois que j'entends le *Quinzième Prélude* interprété par d'autres, je l'écoute de ma mémoire qui l'imagine, elle, et la cascade des notes cristallines me déchire jusqu'à provoquer mes larmes de gamin perdu.

Je suis filial des pieds à la tête et de la tête aux pieds, fidèle à la parole de mon père de plain-pied avec lui. A l'image du verbe qui ne fait que ce dont tout le monde est capable : dire « papa » au sens du monde, au sens global de tout. Mais, ma parole! je ne sais plus de qui et à qui je parle. De mon palapala ou de la parole du Père? A mon papa ou du Verbe que prononce et que donne à tous son Principe, son Père? Qu'importe, puisqu'en perpétuel va-et-vient, je vais de mon expérience de l'un à la surréalité de l'autre. Chez moi, au début, à l'horizon, aux quatre coins cardinaux, à la racine de ma vie comme à celle du monde, il n'y a pas d'abord Dieu, encore moins le Tout-Puissant qui, à grand fracas, fait de rien, du rien, des riens, le ciel et la terre. Il n'y a pas d'abord Dieu. En premier lieu, en immense lieu commun, il y a la Parole. Et la Parole est élan vers Dieu. Et la Parole, c'est Dieu. Et Dieu, c'est mon Père. Il n'est pas là pas là, Dieu, où n'est pas mon tendre papa. Enfantin! Cette Parole-là, je ne peux la livrer, la parler qu'à force de l'avoir dans la peau comme elle m'a dans la sienne, tant il est criant et coule de source que la Parole, le Verbe ne peut qu'être devenu chair. Sinon, il serait mot en l'air au grand soulagement de la clique déiste qui dissèque, désosse, morcelle, débite en tranches de phrases la Parole pour la coucher, froide, frigide et inerte sur son papier mort. Et la Parole était dans le monde. Mutine, elle jouait avec les enfants des hommes avant même que de prendre chair.

Du plus loin que je me regarde, le rire jusqu'à son paroxysme de fou rire aux larmes, même s'il est ma ruse pour pleurer, ne m'abandonne jamais. Les textes rieurs, épiques et tendres, je les lisais à livre ouvert sur le visage de mon père. Il faisait résonner superbement comme déclaration d'amour et de guerre les deux maîtres mots rabelaisiens qui tracent la frontière des ennemis irréconciliables. Ces deux maîtres mots, j'en ai connu la musique par mon père avant de me hausser à l'étage où, d'une lecture passionnée, l'on en déchiffre le sens. Je goûtais, savourais une énigmatique mixture. A la fois quelque chose et quelqu'un. Une espèce de croissant, pain mollet beurre frais, fantastique tartine, mais comme une personne aux reflets moirés irrigués par un fleuve dont les affluents étaient le miel et le lait. Elle s'appelait, parole de mon père qui jamais ne mentait, la substantifique moelle. La moelle de la plus que surnaturelle, la surréelle réalité. Cette substantifique moelle, j'étais invité par mon père à en devenir le soupirant et bientôt le chevalier servant, puisqu'elle avait la beauté de la première dame de mes pensées. Je la devinais en même temps, plat mystérieux dont vous humez l'arôme, que l'on regarde, contemple avant d'oser le toucher, puis, petit à petit, le déguster. La substantifique moelle, c'était la fine fleur, l'ultime zone profonde, l'enfin quelqu'un qui n'est plus quelconque, l'infini de l'infime. Je n'arrêterai pas de me mettre en route, de partir à la recherche, de voler au secours de la substantifique moelle de n'importe quoi et n'importe qui. Et je trouvais sur le chemin qui mène jusqu'à elle les troupes d'élite stériles, les corps d'armée, la nuée des mouches à viande des abstracteurs de quintessence. Il y a de la quinte de toux, du hoquet, ersatz de rire, dans la quintessence du « savoir » que ces abstracteurs extraient de la belle connaissance, qu'ils remplacent par la compilation des idées reçues, toutes faites, sans nerf, sans la substantifique moelle du réel surréalisé.

2

Se jouer de bons tours les uns aux autres

Il fallait choisir son camp car on ne peut servir deux maîtres – ou plutôt à la fois la dame de ses pensées, la jeune fille de ses rêves et la vieille demoiselle, patronesse d'une prude « quintessence » résolue à ne jamais s'exposer aux risques de la chatoyante existence. Je vais vous donner la recette culinaire du travail de taupe religieuse ou agnostique des abstracteurs de quintessence : prenez n'importe quelle réalité, un homme, une femme de préférence, faites-la bouillir dans de l'eau tiède, plumez-la, spéculez à fond sur sa vitalité, d'une spéculation économique, juridique, financière, philosophique, théologique, dépouillez-la de ce qu'elle a d'original, d'affectif, de singulier, de sa couleur, de sa saveur, de sa chaleur, de sa subjectivité, aplatissez-la, objectivez-la, jusqu'au moment où il ne reste plus qu'un schéma, un squelette de ce qui vit et trotte ailleurs. Les abstracteurs de quintessence, je les ai dans le nez où ils me montent comme la boutade qui, de toute la force du ridicule publiquement exhibé, va les achever. Ils ont forgé un concept étriqué que je suivrai à la trace tout au long de la scolastique et même, hélas! chez Thomas d'Aquin : l'*albedo separata* – la blancheur séparée. Ils trouvent le moyen d'abstraire la blancheur de tout ce qui est blanc! Comme l'argent blanchit tout d'abstraction sophistiquée : drogue, meurtres, guerres, tortures, et tous les comptoirs et tous les trottoirs lavés d'immonde lessive légitimée. Quant aux abstracteurs à la perfection théologique, ils sont les désosseurs du Verbe incarné. Aux premières lueurs de mon enfance, ma vocation dominicaine de théologien, aventurier de la pensée inséparable des chevauchées, des cavales et cavalcades de la Parole à transmettre toujours plus loin, s'annonçait en rabelaisienne verve; j'allais porter l'Heureuse Nouvelle à la recherche passionnante de la substantifique moelle d'un festin d'humanité.

Dites-moi pourquoi, lorsque vous ouvrez au hasard le livre des exploits de Gargantua, c'est régulièrement à la page où il convient de ne pas s'attarder : « Comment Grandgousier découvrit l'intelligence de son fils Gargantua à l'invention d'un torchecul. » Sous les dehors d'énormité scatologique, il s'agit de la plus pure, de la plus noble entreprise : purifier le fondement de l'individu, de la société, dégager le fondamental, le lubrifier, le rafraîchir, le baigner de naïve fluidité, le libérer d'une accumulation insane d'excréments monétaristes. Allons-y donc de l'art d'éprouver la vertu « torcheculative » d'une exaspération jubilante, allons-y pour plonger le fondement du monde dans les grandes eaux où vont se noyer les rapports d'argent déshonorés! C'est la torche lumineuse, contagieuse, prélude d'incendie fraternel d'amitié qui circule, brille au cœur de l'invitation à universellement torcher la vieille base d'un monde sur le déclin.

Par mes premières lectures à livre ouvert sur le visage de mon père, entre quatre et cinq ans, je voguais du « science sans conscience n'est que ruine de l'âme » aux « bâtisseurs de pierres mortes point ne sont escrits dans mon livre de vie. Je bâtis pierres vives, ce sont hommes ». La musique des mots, qui m'imprégnaient et m'emportaient, m'aidait à pressentir la grâce du sens. Aujourd'hui encore, tout ce que je lis et vis, je l'apprends par cœur, au sens technique de la mémoire mais d'abord de tout mon cœur. Du travail ainsi mené jaillit un manifeste, un testament que voici : jouez-vous de bons tours les uns aux autres à n'en plus finir. Soyez surprise les uns pour les autres. Déridez-vous, dilatez-vous les uns les autres. Car c'est ça, s'aimer d'amour fou et joyeux les uns les autres comme la Parole, le Verbe en chair et en os nous a aimés d'humour tendre et fort, à se faire passer par les armes pour hauts faits de désobéissance aux ordres. C'est tout de même plus amusant, plus ébouriffant, plus époustouflant que de s'habituer les uns aux autres, même d'habitude d'hérédité chrétienne. Mieux vaut réaliser cet amour-là, tissé de fantaisie créatrice que se faire conjugalement, familialement, professionnellement, pieusement ou agnostiquement la gueule en attendant de se la casser patriotiquement, puis de se rendre les derniers honneurs au-dessus du dernier trou où iraient reposer nos restes sacrés. Parce que le Bien qui n'est que le Bien manque par trop de verve et de mordant pour passer la rampe du monde. C'est quand il se fait drôlement bien qu'il intrigue et passionne. Je le sais de gai savoir et de science sûre depuis ma naissance « re-connaissante » d'une mutuelle connaissance de mon père et de ma mère. Il n'est qu'une charte du Royaume à venir des cieux et de la terre, de la République universelle : faites-vous plaisir les uns aux autres, donnez-vous le plaisir fou d'un fol amour d'amitié jusqu'à ce que le principe de plaisir soit enfin le principe de réalité.

Je l'ai mûri très vite comme défi, mon acte de naître. Il n'est pas ma propriété puisque je porte en moi comme tout le monde la forme entière de l'humaine condition : avec une vitalité de lion et de chat, un flair et une fidélité de chien, une mémoire d'éléphant, comment voulez-vous que je tienne et me contienne entre les bornes de la plus étroite définition de l'homme, animal raisonnable, compétitif, calculateur, profiteur, hiérarchique et même religieux? Il est une définition triviale et bassement fondamentale de tout le genre humain : le commun des mortels. On trouve le moyen de définir l'homme par ce qui l'achève et l'exécute. Je donne quatre grands coups de pied dans le fondement de ce profil bas sculpté par la sagesse des nations. Oui, j'aime mieux être un jeune ressuscité qu'un vieux croûton d'immortel avec la complicité du commun des mortels.

Mon génie? Ma foi dans le vôtre. Je ne me mettrai jamais à votre portée, toujours à votre hauteur. La mort? Y passer, d'accord! Y rester, jamais!

3

La Parole auréolée du rire aux larmes, c'est le propre de l'homme

Mon premier douillet appartement, ma jeune mère, avait la forme d'une loge où je me grimais, heureux, fiévreux, peureux de ma grande première. Mais soudain ma loge s'élargissait, se faisait tribune d'où je m'élançais, décidé à parler parce que la Parole, auréolée du rire aux larmes, c'est le propre de l'homme. Il n'est rien de ce que je dis, ris, écris et pleure que, d'abord et en même temps, je ne parle. L'un des plus beaux coups de génie de Thomas d'Aquin, c'est d'immédiatement saisir qu'il est impossible de concevoir une seule idée sans proférer un verbe intérieur. Comment pourrais-je penser si je ne me parle pas?

Dans mes coulisses, mon antichambre, ma cabine, sur ma piste d'envol prénatale, mon tremplin maternel d'où démarrait mon verbe, j'ai été conçu, mis au monde et je suis né orateur, voué à la Parole publique de trempe polémique. L'écrivain n'est venu qu'après. Il n'a fait que voler au secours du Verbe dont les ailes de rêve trop frêles sont toujours brisées, blessées à mort par le plomb du chasseur tueur qu'est le scribe aux aguets. Comme le diable se fait ermite, après avoir tué, cloué au bois de sa plume sèche, la Parole vive, le scribe se fait notaire pour mieux coucher sa victime sur le papier mort, la pierre tombale du verbe. Or je n'écris d'une plume mordante et tendre qu'afin de faire durer éternellement le plaisir de se parler les uns aux autres. Il fut un temps où, petits, mon frère et moi, nous parlions d'un lit à l'autre. De Jean à Jacques, de Jacques à Jean, circulait un mot mélodie mélopée d'accord musical pointé d'interrogation : Dors-Parle – Parle-Dors? Il y avait à la fois de l'invitation au sommeil et tout l'or du monde, pour lequel on ne trahirait pas l'amour du frère, dans cette mystérieuse incantation. J'étais appelé déjà saint Jean Bouche d'or en raison de ma propension native à ne pas distinguer vie publique et vie privée, à clamer aux quatre coins du monde secrets d'alcôve et secrets d'État. Parle-Dors ou Dors-Parle? Selon notre réponse, la préférence était donnée à la parole, de projets fous échevelés, ou au sommeil. Quoi qu'il en soit du terme choisi de l'alternative, notre élu était toujours le rêve, parlé à notre conscience claire ou venu d'ailleurs, du plus profond de notre art enfantin de dormir. C'est pourquoi nous sommes à jamais liés, Jacques et Jean. Aussi liés que les Jacques et Jean de l'Évangile, Boanergès, les fils du Tonnerre, comme les appelle le Fils de l'Homme. Je nous regarde l'un et l'autre, à l'heure où nous courions vers nos six et sept ans vécus en commun, inséparables et distincts, lui, beau de pure et pudique virilité, moi, brodé d'un je-ne-sais-quoi de féminin pour n'être ni dinde-oie – fût-ce du Capitole – ni mâle galonné. J'aime vivre à plein la grâce, le charme et sentir battre dans ma poitrine un cœur de jeune fille au plus fort du corps d'une aventure de pensée d'homme. Peut-être le souvenir lointain de l'androgyne initial, mort en forme d'humanité à venir.

Mon humus, mon gisement, le sol, la terre d'où je viens et que je sillonne, c'est la parole. J'apprends à la manier sans la manipuler, à la hurler, à la vociférer par imitation de ceux qui la déforment. J'aime également la murmurer, la confidencer, la chuchoter, la velouter, et d'abord et surtout la clamer, la proclamer, en me donnant tout entier aux multiples vibrations qui la font ce qu'elle est, m'articulent ce que je suis. A son service, à ses pieds, j'ai jeté tel un trophée la passion de ma jeunesse, l'histoire qui allait pour moi de l'*Urbs,* la ville éternelle, Rome des papes et des Césars, à l'*Orbs,* l'orbe d'orbite exorbité en œil du maître, le monde conquis, unifié. Je traversai la guerre du sacerdoce et de l'Empire résumée par Victor Hugo d'un seul trait : « Le pape et l'empereur, ces deux moitiés de Dieu. » Ce corps à corps des colosses, dont l'enjeu était la toute-puissance, n'avait aucun secret d'État pour moi... Il me remonte en merveilleuse souvenance que j'étais un féru d'histoire romaine et qu'à la question de mes parents qui me demandaient : « Dis-nous le livre qui te ferait le plus plaisir? », j'ai répondu d'un trait : *L'Histoire romaine* de Mermeix [1]. Où diable avais-je pu recueillir le nom de cet illustre inconnu que je me suis promis-juré d'immortaliser ou mieux de ressusciter, car je lui dois mes plus fortes munitions contre la romanité en même temps qu'un aspect majeur de ma vocation : je me sentais par tous les pores un spartakiste du Fils de l'Homme.

1. *L'Histoire romaine* de Mermeix dans « les Grandes Études historiques » des Éditions Fayard.

4

Des tribuns de la plèbe au théâtre du Verbe

Tous les matins du monde de ma dizième année, j'étais éveillé par le désir voluptueux d'écouter d'oreille créative les exploits des frères Gracques, Tibérius et Caïus. Les réformes agraires de la Rome antique chantaient au son de mes orgues intérieures. Ce qui m'attirait chez ces deux frères romains, c'est qu'ils étaient tribuns et tribuns de la plèbe, le seul titre dont je raffolais... Mais le sentiment d'un malaise me gênait dans mon enthousiasme pour Tibérius et Caïus : au-dessous de la plèbe, il y avait bien pire, les exclus du genre humain qui ressemblaient parfois aux hommes puisque Cicéron, l'orateur, l'avocat, appelait l'individu de cette espèce ou esclave *instrumentum vocale,* l'instrument, l'objet doté d'une voix. Il m'a fallu je ne sais combien de temps pour saisir la distinction radicale au regard de la Parole, des plébéiens et des esclaves : les tribuns constituaient le privilège de la plèbe. Pas de tribuns pour les esclaves. Je casserai donc le monopole populiste du tribun que la classe dirigeante des patriciens reconnaissait aux plébéiens. Parce que celui qui se manifeste tribun de la plèbe et des esclaves ne peut être que la Parole faite homme. Quand cette vérité de foi historiquement, politiquement méconnue se fit mon être même, je suis passé des tribuns de la plèbe au théâtre du Verbe. Il y eut un témoin fidèle de ce passage que la Rome chrétienne après la Rome païenne n'a pas su effectuer. L'auteur qui témoigne des occasions perdues d'aller du tribun de la plèbe à la tribune vivante de tous les esclaves, mais c'est le Mermeix de mes dix ans que m'avaient offert, sur ma demande, mon père et ma mère!

Je l'ai retrouvé qui me regardait, sa couverture arrachée, dans ma chambre du couvent dominicain de Montpellier. Il gardait la verdeur de ses 722 pages qu'il m'avait été impossible, enfant, de lire jusqu'au bout. D'un bond, je fus transporté à la fin de l'histoire romaine et la trahison m'apparut clairement : il y eut conversion, non pas des tribuns de la plèbe à la cause du verbe des esclaves, mais des Césars polythéistes au Dieu unique tout-puissant dont le Fils venait en victime expiatoire rétablir le pouvoir souverain. Dans ses toutes dernières lignes, Mermeix résume à la perfection ce que l'Église catholique conserve encore et ne cesse de restaurer, dans sa coriace romanité, du vice anti-Jésus-Christ d'hégémonie, d'absolue primauté dominatrice, que lui a communiqué l'empereur Constantin, l'artisan d'une Pâque diaboliquement inversée, c'est-à-dire du passage de la fraternité persécutée au pouvoir persécuteur. Au terme du rappel des assassinats de son fils, de sa femme et de tant d'autres commis par le premier monarque très chrétien, Mermeix conclut : « Ce n'est pas seulement parce que sa métropole était à Rome que l'Église universelle se donna le titre de romaine. Elle l'aurait encore mérité par l'occupation que firent ses apôtres, de toutes les contrées où, par l'*Imperium* ordonnateur de l'*Urbs,* avait été préparé l'établissement de son autorité moralisatrice. »

Ma fidélité au tribun de la plèbe qui voulut le devenir des esclaves se frayait un chemin à travers les pièges et les tentations de la toute-puissance. Très tôt, l'orateur et l'acteur-auteur m'ont choisi comme terrain d'alliance et de combat singulier. Un désir, dont je ne savais pas encore la nature et les exigences, me travaillait : mettre en scène la foule des tics ridicules, ennemis du geste créateur que je devinais peu à peu d'humour fondamental. C'est ce projet confus qui m'a inspiré, depuis *Les Trois Mousquetaires* de mon enfance au Pays basque mais que je recréais romains, trois compagnons d'armes, toujours avec mon frère Jacques, sur la petite scène du théâtre de *Chante-bise* à Montpellier. J'explorai un peu plus tard les virtualités contradictoires de la Parole. On pouvait par elle tour à tour et presque simultanément dompter, ranger les autres sous son pouvoir et les éveiller à l'éclat de leur génie. Je me sentais frissonner des nerfs et des muscles, de la tête au cœur, d'une ambition despotique et de la passion de l'apôtre. La certitude se faisait jour : il fallait représenter la vie et l'histoire, les créer au lieu de les subir. Je jouais ainsi, sous la forme bouffonne, ubuesque, du double jeu d'un tyran perçu aux origines de l'histoire, le rôle épique de maître Barbemolle, personnage central du *Client sérieux* de Georges Courteline. Ce fut là, dès mon adolescence, ma première prédication.

Nommé en pleine audience substitut du procureur de la République, l'avocat Barbemolle, n'écoutant que son devoir d'État qui lui ordonne d'oratoirement fonctionner, toute conviction exclue, passe d'une plaidoirie en faveur du sieur Lagoupille, la touchante victime d'une immonde société anonyme, au réquisitoire terrible où le même Lagoupille, son ex-client, se voit traité par lui d'ignoble pilier de brasserie. Porté vertigineusement du symbole du pauvre à la synthèse vivante de tous les vices, le client sérieux Lagoupille réclame son argent à celui qu'il croyait son défenseur et qui est devenu, l'espace d'une séance de tribunal, son accusateur. Mais le personnage à deux visages successifs lui répond noblement par un mot historique :

« Le roi de France ne paie pas les dettes du duc d'Orléans. »

Ce que contre-attaque Lagoupille au moyen d'un mot venu du cœur :

« Eh bien! il se conduit comme un cochon. »

Il appartient au président de clore la séance en toute impartialité objective :

« Vous n'êtes pas ici pour juger l'histoire. »

J'ai donné toute ma mesure en plaidant et requérant, avocat puis ministère public d'une farce féroce à l'image de la vie. Mais c'est seulement aujourd'hui que son message, qui m'était caché lors de mes seize ans, se dévoile. Parbleu! Je me mettais à fond par dérision dans la peau du Dieu que je pourfends : le Dieu Janus, le Dieu à deux faces, le Dieu Barbemolle qui, tour à tour, prend en main la cause du pauvre et, contre l'homme, requiert, l'homicide, spectateur voyeur des génocides, la peine de mort par voie du déluge, avant-goût d'enfer éternel pour défendre les intérêts d'un ordre divin inhumain. A coup d'énormes vaudevilles, ma théogenèse prenait corps dans les rêves de mon enfance et le grand rôle de mon adolescence. Des fables de Courteline tournées, retournées dans tous les sens jusqu'à ce qu'éclate leur unique sens, bondissent les comédies et contre-proverbes de ma vie : qui trop embrasse bien étreint. Je tire parti de tout pour n'être profiteur de rien. De tout bois je fais feu, verbe en verve et incarné. Je tiens tribune et fais théâtre de tout. Écrire, jouer, prier, parler, crier, apprendre à lire aux hommes qui ne savent lire que des yeux et n'apprennent plus, c'est ma vie. Mais compter, jamais! Que l'on ne compte pas sur moi pour compter!

Je caresse deux rêves ingénus : interpréter le rôle du général Petypon du Grêlée de *La Dame de chez Maxim,* la môme Crevette de Georges Feydeau, et prêcher à Lourdes. Faute du premier vœu qu'il n'est pas en leur pouvoir d'exaucer, si mes frères ne le sont pas qu'en religion, ils m'accorderont peut-être avant ma mort la grâce d'annoncer aux bords du Gave celle qui a conçu l'Inconcevable.

5

Parfait pour le commandement, nul pour l'exécution

Rêver d'être, le temps d'une comédie à sans cesse élargir, le général ou le colonel qui mugit des ordres comme il respire n'a rien pour moi de la fantaisie gratuite mais constitue l'œuvre par excellence de salubrité publique. J'adore ridiculiser le champ illimité du ridiculisable dont chacun peut voir que le plus beau fleuron est l'armée où chercher à comprendre, c'est déjà commencer à désobéir. L'antimilitarisme cohérent et surréaliste met à nu la bouffonnerie du rapport fondamentalement hiérarchique comme exprimant une conception infantilisante de toutes les relations humaines : du haut en bas de l'échelle sociale, l'unique bruit est celui des talons qui claquent dans la préparation à la Parole donnée aux armes, par conséquent volée aux citoyens. Avec ou sans dieu, la religion de l'armée, telle que nous la voyons former ses jeunes cadres d'officiers dans les lycées militaires de la France républicaine, sacralise une idée très simple : la pensée, d'abord stratégique et tactique, descend du commandement jusqu'à l'exécution. Je m'aperçois que le plus formidable théoricien et praticien d'une société complètement militarisée à tous les échelons, c'est l'Arnolphe de *L'École des femmes,* observé, campé, dénoncé par Molière. Pour ce maniaque de l'ordre et de la hiérarchie, dès qu'il y a deux êtres humains, il faut que l'un soit le supérieur de l'autre.

Tous les Arnolphe du monde n'imaginent à aucun moment une relation qui ne comporterait pas *un plus* et *un moins, un premier* et *un second,* ou mieux, un premier et un dernier. Je ne connais pas plus éloquent raccourci de tous les programmes esclavagistes que ce morceau dont le point culminant est la femme, domestique, colonie de l'homme :

> « Bien qu'on soit deux moitiés de la société,
> Ces deux moitiés pourtant n'ont point d'égalité!
> L'une est moitié suprême et l'autre subalterne;
> L'une en tout est soumise à l'autre qui gouverne.
> Et ce que le soldat dans son devoir instruit,
> Montre d'obéissance au chef qui le conduit,
> Le valet à son maître, un enfant à son père,
> A son supérieur le moindre petit frère,
> N'approche point encor de la docilité,
> Et de l'obéissance et de l'humilité,
> Et du profond respect où la femme doit être
> Pour son mari, son chef, son Seigneur et son maître. »

Mais c'est le *Fürher-Prinzip,* le principe du chef, du patron, du sommet de la hiérarchie! Je le retrouve presque mot pour mot chez le pape Pie XII; les 12 et 24 septembre 1941, lorsqu'il s'adresse, à l'époque de mes vingt ans, aux jeunes mariés : « Chers nouveaux époux... vous avez ressenti en votre âme, pendant cet acte sacré (du mariage) que vous étiez et agissiez dans des conditions de parfaite égalité... mais, en ce moment même, *vous avez fondé une famille;* or, toute famille est une société de vie; toute société bien ordonnée veut un chef, et tout pouvoir de chef vient de Dieu... »

Je ne sais plus tout à coup si Arnolphe, par le génie de Molière, pressent Pie XII ou si c'est Pie XII qui comble les vœux d'Arnolphe.

Le problème n'est pas celui d'un partage des responsabilités entre les deux traditions, la militaire et la religieuse, car elles sont inextricablement mêlées. Malgré la grande désobéissance aux ordres d'un Charles de Gaulle puis du général de la Bollardière, le principe de la discipline de tous les instants qui fait la force principale des armées ne souffre pas d'exception. Et il en est de même dans l'ordre ecclésiastique. La doctrine de Thomas d'Aquin sur la nécessité de choisir la conscience même erronée, quand celle-ci entre en conflit avec un ordre reçu, n'a pas le même poids d'autorité qu'une répétition constante de l'idée qui condamne le fidèle moyen à un état si férocement mineur qu'il est plus sûr pour lui d'obéir les yeux fermés, l'esprit bloqué, à ses supérieurs. Une petite phrase courait tout au long de mon enfance à la manière d'un condensé d'Arnolpherie fondamentale. « Comment se manifestera l'abomination de la désolation? » s'interrogeaient des esprits fins de cette belle époque. Elle aura, me direz-vous, la forme de la pire horreur, des camps de la mort lente. Vous n'y êtes absolument pas car les esthètes de l'obéissance, vertu suprême, voyaient se profiler autrement l'abominable : « Où irait-on si le soldat discutait sur le champ de bataille les ordres du général en chef? » Il est difficile d'oser concevoir les perspectives glorieuses qui s'ouvriraient s'il en était ainsi. Ce dont je suis sûr aujourd'hui, c'est que l'on va tout droit au crime contre l'humanité quand le soldat obéit et ne discute pas.

Dans la même *École des femmes* où Arnolphe, l'homme d'ordre, expose son programme d'universel quadrillage hiérarchique, de soumission générale des troupes et du troupeau au Prince des prêtres, sacrificateur en chef, du serviteur au patron, du fils au père, du petit moine à son supérieur, éclate, deux scènes après, la profession de foi diamétralement opposée d'Horace, le jeune amoureux d'Agnès :

> « Il le faut avouer, l'amour est un grand maître :
> Ce qu'on ne fut jamais, il nous enseigne à l'être;
> Et souvent de nos mœurs l'absolu changement
> Devient par ses leçons l'ouvrage d'un moment... »

Il n'est rien de tel que l'amour pour transformer quelqu'un. Comment donc l'amour mutuel des uns aux autres à l'infini d'humanité pourrait-il ne pas être la force transformatrice structurante du monde? Une question aussi simple se heurte à un préjugé érigé en système de pensée qui voudrait qu'il y ait un ordre dans la charité, une hiérarchie dans l'amour alors que rien ne transgresse l'ordre hiérarchique comme l'acte de s'aimer les uns les autres. Si l'amour d'un homme et d'une femme, si l'amour fraternel en humanité cordialisée suivent les lois de la nature, les lois de l'économie, s'ils ne font pas être ce qu'auparavant on ne fut jamais, c'est qu'ils ne sont pas l'amour mais la ratification de l'ordre des choses. La vérité du fait de s'aimer ne peut être reconnue qu'à l'abolition du plus et du moins, d'un en haut et d'un en bas.

Au regard de cette exigence, mon carnet scolaire est en symbiose avec mon livret militaire. Pour le premier : « très doué en lettres d'humanité, nul en mathématiques » dont mes professeurs m'interdisaient l'entrée à cause de leur base arithmétique régie par le calcul que je refusais. J'étais certain sans pouvoir le prouver qu'il fallait choisir entre réaliser le rêve de sa vie et calculer ses chances d'arriver à une place plus ou moins honorable sur le marché. Quant à mon passage dans l'armée par la préparation militaire supérieure, le contraste était si phénoménal entre la maestria que je déployais pour beugler un ordre et une inaptitude complète au maniement des armes – qu'il me valut ce curieux éloge : « Parfait pour le commandement, nul pour l'exécution. » Par la suite, le symbolisme opératoire de l'appréciation s'est affiné : parfait pour le Commandement nouveau du lien d'amitié fraternelle, nul pour l'exécution des ordres qui exécutent les gens ! Je mènerai jusqu'au bout mon apprentissage du Verbe qui, n'étant jamais, au grand jamais, en position ridicule de commandement par rapport à un seul homme, peut, Unique Parole, se payer le luxe fou de ne commander que la seule chose qui, justement, ne se commande pas : liez-vous d'amitié les uns aux autres comme je suis votre ami, à en finir au poteau mais pas au trou.

6

Mon Père petit frère

Je pose un regard étonné sur la photo qui a croqué mon humanité au tout début. Elle respire ma fierté d'être un petit d'homme de première année. Je n'avais pas honte alors de ma nudité. Je suis manifestement très à l'aise, ma tête moins bien pensante que peuplée d'un songe naïf, et je me sens heureux les fesses à l'air, encore vierges d'une culotte, et sans la moindre idée d'un absurde pantalon. J'ai toujours eu un faible pour les sans-culottes.

Dans la préface des *Grands Cimetières sous la lune,* Bernanos résume ce genre d'esprit, cette incorrigible gaminerie : « Certes, ma vie est déjà pleine de morts. Mais le plus mort des morts est le petit garçon que je fus. Et pourtant, l'heure venue, c'est lui qui reprendra sa place à la tête de ma vie, rassemblera mes pauvres années jusqu'à la dernière et, comme un jeune chef ses vétérans, il ralliera la troupe en désordre, et entrera le premier dans la maison du Père. Après tout, j'aurai le droit de parler en son nom. Mais justement, on ne parle pas au nom de l'enfance, il faudrait parler son langage. Et c'est le langage oublié, ce langage que je cherche de livre en livre, imbécile! Comme si un tel langage pouvait s'écrire, s'était jamais écrit! »

Il m'a fallu lire et relire cet admirable texte de Bernanos, m'en imprégner, l'apprendre par cœur pour y reconnaître, non point le petit garçon que je fus et ne suis plus, mais l'invincible enfant qui ne laisse aucun animal raisonnable et compétitif, aucun homme d'État ou d'Église lui voler sa place à la tête de ma vie. J'ai enfin compris pourquoi Jésus, le Verbe, n'a jamais écrit; il parlait le langage de l'enfance.

Il n'est pas de plus grand amour filial que d'imaginer son père et sa mère à l'image toujours plus créatrice du Créateur. Palapala. Papa pas là où je ne t'aimerais pas assez pour te recréer. Je me parle un vers du *Cid* qui m'intriguait. J'avais peur de passer pour un pleutre inculte si j'en demandais le sens, même à mon père.

« Et le fils dégénère
qui survit un moment à l'honneur de son père. »

Mais que peut-il bien faire, ce fils dégénère? Je le prenais pour un adjectif, ce dégénère-là, tombé si bas qu'il ne pouvait se relever en verbe. C'est aujourd'hui que je lui donne tout son sens :

Et le fils dégénère
qui n'ose pas devenir le verbe de son Père.

Je pille Corneille de long en large pour lui arracher ses plus vives formules qu'il me plaît d'appliquer à ma vie.

Sertorius m'empoigne avec son prodigieux :

« Rome n'est plus dans Rome
Elle est toute où je suis. »

Mais la clameur qui me monte aux lèvres, à la plume, à toute ma cordialité réfléchie vient de je ne sais quelle tragédie cornélienne :

Je suis toujours moi-même
Et mon cœur n'est point autre.

Il n'est pas de plus grand amour filial que d'être le verbe de son père. Il n'est pas de plus grand amour de son frère que de l'enlever à la fratrie familiale pour le plonger dans la fraternité. Il n'est pas de plus grand amour de ses frères en religion que de les inciter à l'entrée en rébellion. Nul n'a plus grand amour que de donner sa vie, qui fait corps avec sa parole, pour ses amis. J'aime d'amour si charnel la Parole donnée à tous les muets injustement privés d'elle qu'ils en deviendront parlants, les plus beaux parleurs pour la confusion des phraseurs. C'est la loi d'une constante sortie de soi : je me défoule en permanence pour n'être pas un refoulé.

Au fait, une nuit, j'ai rêvé mon père en Albanie d'Enver Hodja. Les traits un peu flous, il me regardait pour que l'atteigne ma parole : « Papa, je t'aimais parce que tu étais mort. Je t'aime parce que tu es vivant. » Et je me réveille sur le démenti que m'inflige la réalité : il est mort. Mais non, c'est mon rêve qui a raison! Je t'aime parce que tu es vivant. C'est de là que m'est venu mon-notre Père libéré d'une banalisation de l'autre. Comme si le Fils de l'Homme avait eu seulement cette manière de prier!

Notre Père qui es aux cieux tissés,
brodés de tendresse féminine et maternelle
du petit frère de tous.
Que ton nom soit connu
Qu'advienne ton règne d'humour d'amour
Que ta volonté soit faite
sur la terre comme au ciel
en communion d'horizon.
Donne-nous aujourd'hui tout notre pain
Parole faite chair,
Pain et bain quotidiens.
Remets-nous nos dettes
comme nous les remettons à nos débiteurs.
Pardonne-nous l'injure faite à ton éternelle jeunesse
Par ta réduction au rang du plus ancien
dans le grade le plus élevé,
Comme nous pardonnons à ceux qui nous injurient.
Et donne-nous la force d'un arrachement constant
à la tentation du pouvoir sur les autres.

Mais délivre-nous du besoin de faire le malin.
Ce malin, je sais par Jésus-Christ, le Verbe de chair,
que son régime d'astuce consiste à proposer
une simple addition au « Oui » ou au « Non » de la Parole nue.

Je refuse donc et je ne dis jamais plus cette formule ajoutée par le malin au cri d'appel à mon Père petit frère :

« Car c'est à Toi qu'appartiennent le règne,
la puissance et la Gloire
pour les siècles des siècles! »

Comme s'il avait pris l'éternelle résolution de détenir en nue-propriété le monopole de sa gloire, comme s'il la promulguait son domaine réservé! Alors que, dit le Verbe premier-né, sa Parole, ce qui fait la Gloire de mon Père, c'est que vous portiez beaucoup de fruits, d'une exubérance, d'une succulence infinies.

7

Alors vint Napoléon

Je confesse maintenant mon péché d'origine commis vers ma septième année. A l'âge de raison. Le péché auquel succombaient les petits garçons de mon temps, idolâtres d'un quelconque surhomme à bicorne, casquette ou képi constellé d'étoiles, et les petites filles modèles fascinées par les mille et un portraits des séductrices immortelles. Il n'y a pas un péché d'origine qui serait de nature héréditaire. Mais rien n'est plus actuel que le péché originel. Comme presque tout le monde, j'ai commis celui-ci par docilité envers une raison qui me commandait d'impérialement m'élever au-dessus des autres. Et mon péché s'appelait Napoléon Bonaparte qu'en ces temps-là je cherchais à imiter : « Papa, pape ou empereur, qu'est-ce qui est plus? » Et papa ne se prononçant pas sur la futilité de ce problème des préséances mondaines, le mal était là : j'avais attrapé la lèpre comparative, la maladie terrible de l'âge de raison, qui fait que la raison n'est que comparaison.

Je croyais, dans ma naïveté d'enfant, accoutumé déjà au pot-pourri de tous les airs connus, de tous les tics d'adultes, que la grandeur d'un homme se mesurait au nombre d'hommes qui défilaient devant lui au pas cadencé. Il est vain d'essayer de me rappeler la somme des troupes et des armées qu'à cette époque j'ai dû passer en revue dans mon théâtre intérieur. Benoîtement et en catimini, ma tendresse avait émigré : elle était passée du papa chaleureux à la gloire nationale, impériale, d'un souverain mondial que je rêvais de ressusciter. Je ratifiais une séparation de corps, un divorce pas tout à fait consommé, de mon besoin d'aimer avec ma passion d'admirer. J'aimais toujours mon père mais, dans la hiérarchie des admirations, je lui préférais Napoléon. Comme, un peu avant l'âge où l'on commence à aimer ses frères en humanité, il est impossible d'accorder la passion fraternelle et l'adoration d'un Très-Haut. L'amour et l'adoration font rarement bon ménage. On peut tout redouter quand l'admiration déserte l'amour et lui substitue une puissance protectrice. Elle fait à l'amour la part du feu et le domestique, l'emmure ou l'enterre. Impossible de servir deux maîtres : aimer ici, admirer là. Mon père ne s'y trompait pas. Il voyait loin, beaucoup plus loin que mes toquades impériales. Il devinait qu'il n'y aurait pas retour à lui, mais venue au père enfin aimé, sans rival monarchique, d'une tendresse admirative égale à la sienne.

C'est du haut de ma barricade du Fils inédit de l'Homme que je peux à présent regarder le stade par lequel je suis passé, celui d'un petit Napoléon en herbe, c'est-à-dire le cas le plus commun des formes pathologiques de la normalité. Ce sont des millions de petits Bonaparte qui refont un autre Napoléon. Nous passons ainsi de la pathologie banale au fou exceptionnel : celui-ci normalise le monopole de la folie, du génie, de la divinité.

Je n'ai été guéri du mal de l'exceptionnalité d'un seul que par le vrai fou qui n'est fou, génial, Dieu, qu'avec tous les autres.

Mon péché d'origine consistait à obéir au premier principe d'apprentissage du chef et du dressage des sujets : l'exception du génie confirme la règle de la médiocrité générale. Pour rompre avec cette idée que le bel élan fraternel est rare alors qu'il n'y aurait qu'une loi du profit maximum à tirer de la stupidité des hommes, j'affirme volontiers que les médiocres, les sots, les crétins, les abrutis et, pour faire bref, grossièrement militaire, les cons, n'existent pas. Par contre, sévit un intense processus de médiocrisation, de crétinisation, d'aplatissement cérébral et affectif. Instruit par la dangereuse fascination de l'unique, qui est d'autant plus tout que le monde est à ses pieds impériaux, je risque le résumé de ma conviction : nous ne voulons pas mourir médiocrisés, ratatinés, crétinisés. Nous ne voulons pas mourir déjà vieux. Nous ne voulons pas mourir déjà morts. Et, si nous ne sommes pas morts avant la mort, toutes les chances sont réunies de ne pas mourir après la mort.

8

L'égalité contre le virus napoléonien

La mutation salutaire advint un an après la mort de mon père. J'étrennais mes quinze ans avec le Front populaire, les congés payés, les conventions collectives, la semaine des quarante heures. Ce beau miel des luttes ouvrières me libéra de l'essaim d'abeilles du manteau impérial de Napoléon. En une année, j'étais un rescapé de la lèpre comparative, de mes fantasmes d'omnipotence. J'avais découvert enfin le contrepoison de mon rêve napoléonien : la passion de l'égalité. C'est le grand moment où je fais la lecture enthousiaste de la Parole de l'apôtre Paul, l'inventeur, bien avant Gracchus Babeuf, de la conjuration des Égaux : « Il n'y a plus ni Juif ni Grec, ni esclave ni homme libre, il n'y a plus ni l'homme ni la femme, car tous vous n'êtes qu'un dans le Christ-Jésus. » Le monde ecclésiastique n'a retenu de la doctrine paulinienne que l'esclavage accepté comme état normal, la soumission de la femme au mari et de tous aux autorités légitimes [1],

1. Romains, XIII.

mais il laisse dans l'ombre, il met en veilleuse la vérité subversive de cette formidable charte de l'égalité – à libérer des autres considérations de Paul lui-même. Depuis qu'elle a résonné au carrefour principal de mes rêves à réaliser, elle ne cesse pas d'irriguer mon esprit, d'arpenter, nomade, les avenues de mon cœur. C'est elle qui m'a lancé à l'escalade des tribunes du printemps de 68 comme de la révolution des Œillets au Portugal.

C'est au nom de ses fragiles promesses qu'en 1987 j'ai posé à Mikhaïl Gorbatchev, au Kremlin, une question sur la recherche des exigences de notre commune passion d'humanité. C'est encore elle qui m'a fait rencontrer le Nicaragua sandiniste un an après. C'est toujours stimulé par elle que je revois mon inoubliable famille de São Paulo dans ce merveilleux désordre, capharnaüm du Nouveau Monde, cette *bagunça* du Brésil, ma patrie d'adoption dont je garde au cœur l'intraduisible *saudade,* non pas nostalgie, car la nostalgie porte sur le passé, mais le souvenir mélancolique des jours d'amitié disparus, converti en mémoire du futur amoureusement fraternel. Ma seule religion qui n'en est pas une me conduit en 1992 sur la terre d'Israël que je traverse d'un cœur palestinien afin de rappeler au tristement hégémonique État israélien la vocation prophétique du peuple apatride de ses ancêtres, reconnus tels par choix libre des pauvres humiliés, réduits à rien, et non par le sol, le sang et la race.

Cette perpétuelle transgression des frontières me donne pour compagnons *Témoignage chrétien,* né de la résistance à l'utopie d'horreur réalisée du racisme, *Golias,* surgi d'un refus de la restauration post-conciliaire de l'Église, et « Frères du monde », mouvement-revue d'origine franciscaine dans lequel j'ai investi toutes mes énergies pendant une dizaine d'années. Il s'agit toujours de créer les uns avec les autres un réseau fraternel des forces vives du christianisme et des zones multiples d'une foi dans la puissance du don mutuel d'amitié. J'étais aussi partie prenante de l'effort pour la déclergification et même la désacerdotalisation que recherchent de nombreux prêtres en vue d'un plein emploi de leur vie donnée. Un prêtre n'épanouit sa personnalité d'apôtre du Verbe incarné qu'au moment où il sort des limites du sacerdoce.

Mon travail sur ce point va de pair avec un œcuménisme endiablé, d'autant moins officiel (car celui-ci dort d'un sommeil inquiétant) qu'il est amical et tourné vers la vie publique où la même foi s'annonce en termes de libération effective des hommes. Je suis toujours plus inséparable de mes frères et sœurs cocassement appelés séparés, quand ils franchissent les frontières d'une Église déjà réformée-*reformata,* pour renaître Église à toujours davantage réformer-*reformanda,* au point d'enfin susciter la conspiration des vivants. Mais l'œcuménisme de toutes les Églises et du monde chrétien ne peut correspondre seul à ce qu'implique l'apprentissage d'un art de conspirer, c'est-à-dire d'ensemble respirer. Il faut d'élémentaire nécessité de salut public trouver les lieux d'affrontement des visions du monde, des grandes problématiques, des questions de fond avant qu'ils ne puissent redevenir les hauts lieux de la « solution finale ». Tout retard du débat théorique accompagné d'une pratique correspondante, sur l'indispensable relation de réciprocité d'égal à égal entre les hommes est un terrain laissé aux rééditions, hitlériennes, staliniennes, racistes multiformes d'ethnies purificatrices, du virus napoléonien sur lequel se greffent le *Führer-Prinzip* et l'atavisme d'ordre hiérarchique.

Poser le problème à sa racine en termes simples d'un large débat public, c'est prévenir le mal absolu de l'unique solution dont nous savons maintenant d'expérience historique la réalité, puisque son auteur rugissait : « J'ai le don de simplifier les problèmes. »

9

L'errance du prêcheur de la grève générale

Ma venue qui n'est en rien un retour à ma jeunesse commença le 22 mars 1968. Je parlais un texte sacré, très ancien, au lieu de le lire. Ce n'était pas à la cathédrale Notre-Dame de Paris mais à la salle des meetings, la Mutualité. Le prophète proclamé ce soir-là s'appelait Isaïe ou Ésaïe. Au fur et à mesure que je faisais Parole sa lointaine écriture, il rajeunissait et me rendait terriblement jeune, même enfant, sans diminuer ce que j'avais de mûr, de réfléchi. Face à moi, mille personnes qui allaient devenir trois mille écoutaient pour la première fois deux conceptions du jeûne, donc du Carême et de la Pâque, de la Foi, entre lesquelles il fallait choisir :

> « Les jours de jeûne, vous réglez vos affaires et vous opprimez tous vos ouvriers. Vous jeûnez dans les intrigues et la guerre, et en frappant le pauvre à grands coups de poing; ce ne sont pas des jeûnes comme ceux d'aujourd'hui qui feront là-haut entendre vos voix. Est-ce là un jeûne qui me plaise, le jour où

l'homme se mortifie? Courber la tête comme un jonc, se plier en deux, s'allonger sur le sac et la cendre, est-ce là ce que tu appelles un jeûne, un jour agréable au Voyant des siècles? Le jeûne qui me plaît, je vais vous le dire, ma parole! Briser les chaînes injustes, en finir avec toutes les situations de servitude, renvoyer libres les opprimés, partager ton pain avec l'affamé, héberger les pauvres sans abri, vêtir celui que tu vois nu et ne pas te dérober devant l'homme qui est ta propre chair. »

A la Mutualité, dont le nom sonne comme le symbole de l'accord mutuel de par toutes les relations du monde entier, j'éprouvais dans ma chair le trajet de la Parole de Dieu, Parole publique en lieu profane. Ma question explosa : « Où sont les chaînes injustes brisées par nous? Montrez-moi les opprimés que nous renvoyons libres! Travaillons-nous à construire une structure du monde au service prioritaire des affamés et des sans-abri, les premiers citoyens? » Je me formulais intérieurement mes approches d'une éthique de la Parole aux grandes foules humaines : la nuance ne passe pas la rampe. Il faut des gros plans. Être simple et non simpliste : toutes conditions remplies par la Parole de Dieu que je venais de proclamer. C'est alors que je me suis mis à scander mes phrases : « Je pèse à leur juste poids tous mes mots : une grève générale qui paralyse les mécanismes d'une société injuste, scandaleusement inégalitaire, voilà l'authentique jeûne, le voilà le véritable Carême! » Une femme et un homme s'étaient aussitôt levés. La première cria : « Menteur! », le second : « Salaud! » La Parole de Dieu avait porté. Désormais, je ne parlerai plus que de cette façon-là. On n'a le droit de prendre publiquement la parole que pour dire ce qui n'a jamais été dit et parlé d'une manière aussi contagieusement insolite, à donner au premier venu l'irrésistible désir de l'exprimer dans son propre style créateur. Je prêcherai la nécessité de la grève générale, c'est-à-dire de la rupture avec le morcellement au quotidien, avec la mise au pas des uns par les autres, et j'annoncerai la fraction du pain pour son partage à toutes les tribunes politiques. Car le 22 mars n'est pas derrière moi dans l'année 1968 morte et enterrée, il est en avant de moi dans la marche à la Pâque de l'an 2000. Mais de ce moment vécu avec le prophète Isaïe date mon impossibilité de me replier sur une prédication au cours d'un culte hebdomadaire et de me plier à la « conventualisation » de la grande vie apostolique dominicaine.

Je suis fidèle à ce que m'a dit mon premier père maître dominicain, chargé de la formation des novices : « Ma cellule, c'est le monde. » Et il s'appelait Rebelle. Aussi je suis en partance, voué à l'itinérance du prêcheur de l'appel au seul soulèvement qui exclue la violence, la grève générale des activités complices d'un circuit de prostitution et de mort qui n'a pas honte d'usurper l'extraordinaire nom, insurrectionnel et ressuscitant, de vie.

Tout un réseau d'amis m'a offert le moyen technique de vivre en nomade du Verbe : une caravane que conduisait mon frère Jacques. J'ai gardé de ce temps-là une nostalgie et la passion, chevillée au corps, de la Parole errante, mendiante et jubilante, libre voyageuse qui répond à la demande de formation permanente d'innombrables auteurs-acteurs, un peu comme à l'époque fondatrice où Dieu errait en Arche d'Alliance avant que ses rois et ses prêtres ne lui bâtissent son Temple. Ce qui n'a pu durer que l'espace d'une année, c'est la vie à deux. Quel que soit l'autre, le couple et même le tandem, le duo ne me suffisent pas. A mon bonheur, il faut au moins les trois car le tiers met en question le risque d'une raison faite comparaison chez les deux. Mais le nomadisme n'a jamais disparu de mon horizon. Il s'est réincarné en plusieurs minibus où cinquante jeunes de l'Assemblée européenne des citoyens sillonnaient avec moi les routes de l'ex-Yougoslavie. Nous allions à la recherche de l'humanité perdue d'un peuple que fragmentaient toujours plus des particularisations territoriales et raciales irréductibles. J'y suis revenu comme président d'une délégation œcuménique auprès de toutes les autorités religieuses, orthodoxes, catholiques et musulmanes. J'ai vu presque chaque fois la religion à l'ombre de la nation.

Nous n'en finirons pas d'être jetés très au-delà de ce que nous sommes pour devenir successivement des juifs allemands, des palestiniens, des Yougoslaves et des Bosniaques. Mais je serai au fond de moi le gamin nomade, le *saudade* brésilien, le souvenir d'avenir ambulant d'une caravane et de cinq minibus qui prêchent d'un seul cœur la grève générale des métiers compétitifs et guerriers ainsi que des nations oublieuses d'une mémoire créatrice commune d'humanité.

10

Le démon intégriste de l'altruisme intégral : la Chine rouge

Par désir d'aller jusqu'au bout, théoriquement et pratiquement, du fait de Dieu qui se fait homme avec tous les hommes et pour tous les hommes, je n'ai jamais renoncé à la meilleure part de moi-même mais aussi la plus périlleuse, le besoin viscéral d'incarner politiquement ma foi aux dimensions mêmes du monde à rassembler. La veille du départ, en mai 1973, pour mon premier voyage en Chine, à la question que l'on me posait sur mes raisons d'aller là-bas, je répondis d'un trait : « Je veux voir le dépérissement de l'État. » Il est par trop facile d'en ricaner après coup pour mieux se féliciter du fait accompli d'un incontournable constat d'échec de tous les rêves annulés par la fatalité. Je voulais voir l'avènement d'un monde autre, convivial, enraciné dans l'égalité, non pas des chances, mais de l'œuvre commune, du chef-d'œuvre de tous. En Chine où circulait alors le maître mot « l'Orient est rouge », j'ai vu ou cru voir la réalisation concrète d'hommes et de femmes qui, en masses, se rapprochaient, devenaient les prochains les uns des autres, d'un lien toujours plus resserré au lieu d'être, comme chez nous, séparés par le culte de la différence dans l'indifférence pour la performance. Au vieux monsieur français qui disait n'avoir pas remarqué un service de voierie dans la ville de Wuhan et s'inquiétait de l'absence de préposés au ramassage d'ordures, il était répondu que celui-ci était assuré par « les larges masses ». Et je les voyais à l'œuvre, ces beaux êtres humains, massifiés, certes, mais rayonnants d'un altruisme dont je ne discernais pas, ébloui par ma mystique totalitaire du dévouement intégral, les virtualités de mouchardage mutuel. Par impatience d'anticiper la réalisation de mon idéal, la vie publique toute cordialisée, j'étais aux premières loges du spectacle : les cantonniers, les bâtisseurs de digues, les jeunes filles marins-pêcheurs dans un village lointain, les porteurs d'engrais remportaient une victoire totale sur la division du travail, la répartition des hommes et des femmes en tâches sectorielles et morcelantes. Ils effectuaient leur passage d'exécutants de métiers sans histoire à l'application de citoyens responsables de l'immense Chine, ils assumaient les petits travaux ménagers pour les recréer affaires publiques du peuple tout entier. Je me grisais des extraordinaires cultures en terrasses de la campagne chinoise, à vous donner la preuve palpable d'un accord du paysan, de l'homme du pays et de toute la création. J'étais subjugué. Ma parole! leur terre, ils font plus que la cultiver, ils la brodent, comme une immense tapisserie, d'un déroulement majestueux bientôt égal à celui de leur séculaire muraille de Chine!

C'est bien en Chine populaire, celle de l'époque prométhéenne, que j'ai eu le coup de foudre pour ce qui m'apparaissait alors l'amour de tout le monde. Dans les matchs locaux et internationaux de ping-pong, cet art tout en répliques vives, ce concert de la petite balle de table, circulait un magnifique maître mot : amitié d'abord, compétition ensuite. Moi qui ne suis pas prodigue de larmes, elles me sont venues aux yeux en regardant les foules de petits Chinois du Palais d'enfants de Shanghai qui nous accueillaient comme leurs oncles et tantes, titres prestigieux de la grande famille de Chine. De quoi exalter, parfois égarer dans certaines illusions lyriques, ceux qui font profession de penser, plus encore que les masses asservies de l'univers! Que celui qui n'a jamais rêvé l'avènement des Trois Glorieuses, les hommes libres, égaux, fraternels, et qui se satisfait du quant-à-soi d'une poussière d'individus, me jette la première pierre! C'est l'évocation de cette parole qui me donne à revivre ma première soirée d'opéra révolutionnaire chinois. Elle me fait songer à une autre œuvre dont le titre est mystérieux : *La Fille aux cheveux blancs.* Ici, pendant la guerre contre le Kuo-min-tang de Tchang Kaï-chek, on annonce aux paysans l'arrivée imminente du délégué du parti communiste chinois. De pauvres hères s'apprêtent à fusiller un petit palefrenier qu'ils accusent d'avoir « fayoté » avec le hobereau local. A l'instant où ils vont l'exécuter, intervient sur la plus haute marche de l'escalier le délégué du parti ou plutôt la déléguée choisie en vertu du principe : « le plus abaissé doit être à l'honneur ». Et quel est l'humain le plus avili depuis qu'il y a histoire, sinon la femme? Elle se tient donc là, moins impérieuse qu'exigeante, vêtue d'un pantalon bleu clair et d'une chemisette blanche. Avec ce rien d'une pureté altière, de compassion intraitable des jeunes Chinoises, elle donne un coup sec aux fusils qui mettaient en joue le palefrenier, puis chante d'une voix suraiguë : « Que celui d'entre vous qui n'a jamais fayoté avec le hobereau local lui tire le premier coup de fusil! » Je me tourne vers mes compagnons : « Mais j'ai entendu ça quelque part! »

Des multitudes d'un tel peuple, le quart de l'humanité, se détachent quelques visages, surtout celui d'un ami irremplaçable, Ting-Du, mon interprète alors âgé de trente ans. Il me donne du respectueux « mon oncle » qu'il adoucit en tonton. Un vieux paysan de Canton nous montre les premiers idéogrammes par lesquels il apprit à lire aux jours de la libération. Or lire, écrire pour les Chinois, c'est dessiner, valser à la manière dont ils expriment leur vie intérieure par ce ballet du petit matin, qui est bien autre chose qu'une gymnastique. Le premier mot que lut le vieillard de Canton fut la désignation de ce qu'il était : paysan, travailleur, me traduisit Ting-Du qui ajouta : « Tonton, pour dire en français toutes les nuances du chinois, il faudrait traduire : " Celui qui porte sur ses épaules le poids du ciel et dont les pieds s'enfoncent dans la terre. " » A mon second voyage, en 1977, après la chute de la bande des Quatre, j'ai cherché partout à savoir ce qu'était devenu le rêveur Ting-Du; plus de nouvelles de lui. J'en demeure inconsolable.

Mais je sais maintenant ce par quoi je me suis laissé piéger : rien ne ressemble autant à un homme transformé qu'un homme fabriqué. S'il est une chose qui ne se force pas, c'est le don de soi. Et la Chine rouge, capable d'un gigantesque élan volontariste, d'une mobilisation contre l'égoïsme, voulut contraindre quatre milliards d'êtres humains à la proximité totale des uns aux autres. Aux heures de ma ferveur maoïste, il me semble, à relire mes textes d'alors, que je flairais tout de même une lourde ambiguïté : « Il n'est pas possible d'entrer consciemment dans l'épaisseur politique de la condition d'histoire des hommes sans courir ou du moins frôler le risque de forcer la liberté, la libre adhésion de ceux-là mêmes que l'on veut émanciper. Je ne connais pas d'action d'envergure, donc à la dimension de la société humaine, du projet d'humanité qui ait la garantie de l'absence d'un risque dominateur [1]. »

Si les révolutions jusqu'ici ont tourné court, c'est parce que leur projet de changement du monde était récupéré par une finalité dominatrice. Si les révolutions jusqu'ici ont échoué, c'est parce qu'elles inscrivaient leur souci de libération à l'intérieur d'une perspective de pouvoir inchangé, donc toujours oppresseur.

1. *Frères du monde,* « La Chine et nous », 1973.

La faute grave de la Chine populaire, aux jours sanglants de la révolution culturelle, fut d'avoir cru que le seul moyen de s'opposer à l'individualisme structurel, c'était de choisir un altruisme intégral. J'ai donné moi aussi dans cette déviation monstrueuse par ce qui me restait de religion, la vieille ennemie d'une Bonne Nouvelle ou Évangile. Il suffit d'un regard, non pas « objectif », mais d'humanité, pour voir ce qu'a donné l'idéal proposé aux gardes rouges et à tout le peuple de Chine, d'un oubli total de soi dans l'adoration de l'autre en masse : le déchaînement du besoin de s'immoler soi-même, accompagné d'une rage sacrée, religieuse d'offrir le plus grand nombre possible d'autres en sacrifice à l'Idole du plus pur altruisme ou dévouement, abnégation sans cœur. Au fond, l'erreur terrible du maoïsme, avec sa captation par le goût du pouvoir et de l'idolâtrie d'un homme, des plus généreuses aspirations et des sordides appétits de la masse humaine, c'est d'être resté religieux et sacrificiel, donc conservateur. La passion du pouvoir à prendre et à conserver sous sa forme despotique, dominatrice conduit la « grande révolution culturelle prolétarienne » au même principe d'atrocités en série que le christianisme constantinien, puis inquisitorial : préférer aux dangers insoupçonnés d'un don mutuel la bonne vieille recette gouvernementale de la logique sacrificielle pour la plus grande Gloire de Dieu ou du prolétariat soigneusement abstrait des prolétaires. Je ne laisserai pas à l'immonde monde capitaliste qui demeure le nôtre, issu du génocide des Indiens en 1530-1550, continué par l'esclavage massif des Noirs et les guerres coloniales, intenter le mauvais procès à la Chine rouge et populaire, alors qu'il faut ouvrir le vrai procès qui le mettra, lui, l'infâme libéralisme économique toujours renaissant, au banc des accusés comme le principal, le premier d'entre eux. Parce que le péché mortel du capitalisme dont le nerf, le ressort demeure l'égoïsme, est de *tout* pourrir, jusqu'à la révolution qui cherche à l'extirper. Parce que le vice monstrueux de l'accumulation du capital, c'est l'abstraction totale : abstraire les horreurs d'une, deux, trois, quatre révolutions et, par là, discréditer l'idée même d'une transformation radicale du monde; abstraire donc les atrocités des mouvements révolutionnaires du tissu de monstruosités historiques, qui constitue l'essence même du capitalisme plus que jamais à l'œuvre, le sacrifice de tout, absolument tout, au pouvoir de l'argent dont les dirigeants politiques sont les exécutants et les prêtres.

Mais je me dois de mentionner un aspect capital de la Chine. L'expérience révolutionnaire chinoise a pris pour la recherche de la communauté primordiale, matrice même du monde, la collectivisation qui déresponsabilise les hommes et les femmes jusqu'à les exténuer dans l'homogénéité sans faille du tout dévorant. Au sens où le démiurge Mao Tsé-toung écrivait la phrase hallucinante : « La Chine est une page blanche sur laquelle on peut tout écrire. » La mise en commun des intérêts ne fait pas sortir du règne de l'intérêt, principe d'une restriction d'humanité, qu'il soit privé ou collectif. C'est uniquement sur la base du don mutuel que les hommes nouent des relations de réciprocité, révélatrices de leur fond humain commun. La révolution en Chine a été livrée par le démon intégriste de l'altruisme intégral au diable subtil, éclairé, de l'intérêt trop bien compris. Tant que la finalité de notre lutte ne sera pas le plaisir fou, la surprise à nous donner les uns aux autres, c'est-à-dire l'acte inter-humain de réciprocité créatrice comme nerf, ressort de la vie publique du monde, nous serons condamnés à l'alternance du furtif, quoique violent, altruisme totalitaire, et d'une furie sacrificielle de privatiser tout ce qui est privatisable, sur fond de tout est marché déguisé en société.

11

Au cimetière des esclaves de la Réunion

Ce n'est pas l'effet du hasard mais bien du scénario de Dieu si je me retrouve, un verre de lait dans une main, une banane dans l'autre, face au merveilleux océan Indien. Mars 1993, je suis pour la troisième fois à l'île de la Réunion. Je soutiens, contre l'avis des autorités religieuses, la candidature d'un ami prêtre du Christ, René Payet, aux élections législatives. Ce candidat de renaissance politique est dans le droit-fil de l'Évangile puisqu'il préside le mouvement pour l'égalité, la démocratie, le développement et la nature, conformément au cri paulinien des frères et sœurs égaux, le leitmotiv, le fil conducteur de ma vie. Et j'aime ajouter à ma charte de l'universelle égalité la magnifique parole créole : « Nou lé pas moins nou lé pas plus – Respecta nous » (Ni plus ni moins que vous – Respectez-nous). L'ex-île Bourbon se moque de n'être qu'un département français à dix mille kilomètres de la métropole puisque – même si elle est de France ou plutôt de République française – elle n'est en rien européenne mais africaine, asiatique, impatiente d'immédiate humanité, elle dont le nom signifie réunion des peuples du monde entier.

Lors de mon premier séjour, j'avais dit un mot qui fit fortune tant il semblait coller à la réalité : « Ici on bourre tout, les crânes et les urnes ! » Il paraît hors de doute que les urnes ne sont plus bourrées des voix de tous les défunts qui résolvaient ainsi électoralement le problème de la résurrection des morts. Mais pour les crânes, on continue à les aplatir. Quand il apprit que je venais épauler mon frère René, l'évêque déclara très fort qu'il me désavouait, ce qui n'était pas vrai puisqu'il ne m'avait jamais avoué. Son refus de la candidature d'un prêtre se fondait sur l'évidence que la vie démocratique réunionnaise était assurée par des laïcs, citoyens formés. Eh bien non ! Excellence, Monseigneur, la vie démocratique n'existe pas quand un député, glorieusement élu au Palais-Bourbon, est convaincu d'être suborneur de témoins pour empêcher qu'il soit publié que ses nervis, ses gros bras ont handicapé à vie un jeune Réunionnais. Quelle idée a-t-on du prêtre de Jésus-Christ si, déjà amputé affectivement, charnellement par le fait de l'abstention de l'amour d'une femme – et ceci sans plénitude apostolique compensatrice –, il se voit interdit d'active citoyenneté ?

Toutefois aujourd'hui, la situation de l'Église a radicalement changé. Nous avons eu, Gilbert Aubry, évêque de Saint-Denis, et moi, la plus savoureuse des conversations en densité de vraie théologie, et j'ai pu lui dire de tout mon cœur : « Les belles amitiés commencent toujours par de fraternelles empoignades. » Merci, cher évêque, mon jeune père dans la Foi.

A diverses radios et à la télévision, on m'a demandé ce qui avait changé à l'île de la Réunion depuis mon premier séjour en 1969. J'ai répondu : « Avant de vous dire ce qui a changé, laissez-moi vous dire ce qui n'a pas changé : le déguisement départementaliste d'une réalité qui demeure coloniale et sous laquelle, à trois ou quatre générations, on trouve les esclaves, mes frères. »

Je n'ai jamais autant prêché et donné ma mesure de tribun que dans cette île de la réunion des peuples d'humanité, là où tombent les frontières qui séparent frauduleusement la prédication du meeting des pauvres. Ils écoutaient la parole :

> « Apprenez tous ce qu'est notre Dieu, non pas le principe d'une résignation à ces trois maximes :
>
> 1) ma vie privée ne regarde personne,
>
> 2) les affaires sont les affaires,
>
> 3) ne faisons pas de politique, ce qui signifie n'en faisons pas une autre que celle des affaires,
>
> mais Celui qui, face à six cent mille Réunionnais dont quatre-vingt mille chômeurs et cinquante-trois mille rmistes, s'écrie : " Ça suffit ! " Mon seul nom, c'est : ça ne peut plus durer ! »

A la Réunion, j'avais de qui tenir, du père Jean Lafosse, curé député-maire de Saint-Louis, qui très vite prit fait et cause pour les esclaves contre les notables chrétiens acharnés à tirer le maximum de bénéfices de la main-d'œuvre servile. C'était le 6 janvier 1791. Jean Lafosse célébrait la messe et, j'en suis sûr, il mettait en relief la force provocatrice du rapport d'égalité : plus d'esclaves ni d'homme libre, ni l'homme ni la femme, nous sommes tous Un dans le Christ Jésus. Or, dans la nef se trouvait un esclave du nom d'Amant. Attaché à la cure qui disposait, elle aussi, en ce temps-là, de son personnel d'esclaves, il participait au don du Christ de tout son cœur. L'officier de la garde Louis Techer s'approcha de lui et le somma de quitter sa place. L'esclave noir, qui devinait que tout allait bientôt basculer au cœur de l'île Bourbon, et qu'il fallait choisir entre les deux organisations de l'époque, l'ami de l'ordre ou l'ami de l'égalité, fit cette réponse géniale au policier : « Faites sortir mon maître de l'autel et je vous donnerai ma place. » Plus fort que la réplique de Mirabeau à l'adresse du marquis de Dreux-Brézé! Mon enthousiasme et ma colère m'ont poussé à venir prier, avec René Payet, le père Jean Lafosse, au cimetière des esclaves qui attendent près de leur curé député-maire la résurrection de leur chair glorifiée.

La presse réunionnaise nous a donné, à René Payet et à moi, le titre dont nous sommes fiers : « Prêtres marronneurs ». Le délit de marronnage était le crime de fuite des esclaves qui devenaient alors

« marrons ». Nous étions complices d'un gigantesque marronnage, d'une fuite des hommes hors de leurs cachots et même de leurs tombeaux, dans la foulée du Premier-né d'entre les morts. Je conterai sans fin cette histoire simple et fantastique jusqu'à l'heure qui ne saurait tarder où, au cimetière des esclaves de Saint-Louis, je concélébrerai avec René Payet et le cher Gilbert Aubry la plus belle des messes de vengeance et de pardon mêlés, en mémoire du prêtre Jean et de l'esclave Amant dont le corps perdu ne peut qu'attendre en terre inconnue la résurrection de tous les morts. J'ai compris que se vérifiait déjà le chef d'accusation du tribun Jésus, tel qu'il est écrit au chapitre 23 jusqu'au verset sixième, de l'Évangile selon saint Luc : « Et ils se levèrent tous ensemble pour le conduire devant Pilate, le préfet de la colonie. Ils se mirent alors à l'accuser en ces termes :

– Nous avons trouvé cet homme qui semait le trouble et la révolte dans notre nation : il empêche de payer l'impôt à César et se dit le Messie-Roi.

Pilate interroge Jésus :

– Es-tu le Roi des Juifs?

Jésus lui répondit :

– C'est toi qui le dis.

Le gouverneur colonial dit aux grands prêtres et aux foules :

– Je ne trouve rien qui mérite condamnation en cet homme.

Mais ils insistaient en criant :

– Il soulève le peuple en proclamant la Parole par toute la Judée, à partir de la Galilée, jusqu'ici. »

Amis de la Réunion, peuple d'humanité, nous savons ce qui nous reste à faire si nous sommes les preuves vives du Christ : soulever le peuple des nations et des siècles, par-delà les océans, à partir de Saint-Louis de la Réunion où sont enterrés les esclaves jusqu'à la Seine-Saint-Denis où ne sont enterrés que les rois.

12

L'esprit de résistance sur tous les fronts

Mon rêve tout éveillé, peuplé de songes populaires, me ramène de mes voyages en nombreuses terres humaines, à mes dix-neuf ans. A cette époque, s'épaississait l'atroce nuit du Saint Empire raciste germanique européen. Je voyais bien que la capitulation de la France n'était qu'un épisode du cataclysme. J'avais la sensation physique du mal absolu, de l'Europe et bientôt de l'univers livrés au fauve supérieur à visage humain qui s'enorgueillissait d'être, sans la moindre pitié, la Bête racialement pure. J'hésitais à m'avouer qu'aucun absolu peut-être n'existait en dehors de celui-là puisque visiblement il se montrait tout-puissant. De surcroît, cette horreur ne faisait pas horreur à mon Église qui signait avec elle un concordat pour sauver en Allemagne ses fidèles et ses intérêts sans se préoccuper outre mesure des Juifs, Tziganes, handicapés mentaux et autres victimes pas très catholiques.

J'étais indigné, hors de moi, mais dépourvu de tout moyen conceptuel et pratique d'exprimer ma rage. C'est beaucoup plus tard qu'un texte du général de Gaulle, dans ses mémoires de guerre, me tomba sous les yeux et donna sa signification globale à mon aventure de pensée : « Je vérifiai, à cette occasion, que la confrontation des idées, dès lors qu'elle met en cause les errements accoutumés et les hommes en place, revêt le tour intransigeant des querelles théologiques. » Une intuition cheminait en moi : ce que de Gaulle écrivait au sujet de l'opposition des doctrines de l'armée mécanique et d'une guerre des tranchées, il fallait l'appliquer aux querelles théologiques pour mettre en cause les séculaires errements accoutumés et les hommes en place. Mais je l'ignorais en ce temps-là. Après avoir lu et fait circuler le premier cahier clandestin de *Témoignage chrétien*, « France, prends garde de perdre ton âme », ce n'est qu'aujourd'hui que je fais une constatation : personne, même pas la Résistance, ne put réellement prendre toute la mesure de ce à quoi il faut résister. L'impensable Bestial, incontestablement venu au monde, faute d'être pensé à ses ultimes racines, de rencontrer une résistance aux sources mêmes où il prend forme. Je n'osais pas demander s'il existait un absolu de la fraternité comme celui de la haine et s'il prenait chair comme, visiblement, l'autre s'incarnait. Je suis donc entré en religion pour vivre à très long terme une résistance sur tous les fronts parce qu'il n'y avait pas encore de résistance organisée à l'abominable tyrannie qui sévissait alors. J'ai pris l'habit du frère de la Parole faite chair, comme on prend le maquis du Verbe contre les blindés, puis contre les missiles et le chiffre d'affaires. D'autant plus que la religion de mon père Dominique était la religion du Verbe, dont je n'appris que peu à peu qu'il n'avait nul besoin de religion, pure Bonne Nouvelle des hommes religieux et surtout sans Dieu. Pour m'affermir dans le choix des dominicains, il y eut ma lecture juvénile et sauvage des quatre Évangiles et celle du mémoire pour le rétablissement en France de l'ordre des frères prêcheurs, du père Lacordaire; celui-ci, élu député de Marseille à l'Assemblée nationale en 1848, répondit aux gens venus lui demander où il désirait siéger : « A l'extrême gauche! »

Je ne commis qu'une erreur d'aiguillage : prendre pour un réseau de résistance à Vichy l'annexe française de l'occupant hitlérien, la citadelle thomiste toulousaine. Je m'attendais à trouver une théologie de la résistance. Or, le Dieu que l'on m'enseignait s'affirmait maître de toute l'histoire et son Fils ne s'était incarné qu'à la troisième partie de la *Somme théologique* de saint Thomas d'Aquin et voici deux mille ans, ce qui permettait au Démon de prendre chair effroyable maintenant. Je ne me donnais pas encore l'audace d'écrire et même de penser : Il ne peut pas être Dieu, Celui qui reste impavidement Dieu quoi qu'il arrive, crime contre l'humanité ou monde fraternel. C'est ainsi qu'écrasé de honte, j'écoutais un certain abbé Sorel, quelque temps après mitraillé par la Résistance, s'écrier en chaire dominicaine de Toulouse : « Le doute n'est pas possible sur le choix de saint Dominique; s'il avait vécu de nos jours, il aurait rallié le camp béni du généralissime Franco. »

Il y eut heureusement l'extraordinaire cardinal Jules-Géraud Saliège, archevêque de Toulouse, pour oser crier l'évidence utopique : un Juif est un homme. Une Juive est une femme. Les évêques français, qui disposaient des moyens de parler, se turent. Seul, ce prélat affligé d'une paralysie à peu près totale, même de la langue, prit la parole qui fut un cri.

Depuis l'époque sombre dont je parle, une seule peur me tenaille : celle du retour au couvent après les randonnées apostoliques où je proclamais la libération radicale, la Pâque. Cette année-là, je prêchai, j'annonçai pour la première fois la totalité de la Pâque, non point seulement la victoire finale sur la mort, mais toute la vie du Christ en forme de Passion. Je faisais les gestes du tribun Jésus, lavais les pieds, portais la croix. Je me mettais à fond dans la peau de mon rôle pour découvrir, saisi, que c'était lui qui m'avait, moi, dans sa peau humano-divine. Mon constat fut alors terrible : pour les maisons religieuses, la joie pascale s'arrêtait net le dimanche après-midi. Au lieu d'aller enfin de la mort à la vie, on reprenait la route de l'utérus au sépulcre, comme dit l'Écriture, du berceau à la tombe, jusqu'à la trêve pascale de l'année suivante, au fil des jours ordinaires de notre mort quotidienne. Mes frères me faisaient religieusement ces têtes lugubres que j'appelais « tronches de tombe », la même d'ailleurs que des agnostiques de ma connaissance qui croient qu'il suffit de n'être pas chrétiens pour se trouver *ipso facto* affranchis et révolutionnaires. J'ai vu, cette fois-là, qu'une fête de Pâques n'était qu'annuelle réédition fugitive des Pâques de l'année précédente avant la reprise de la vie normale et mortelle, enterrement organisé de l'unique Résurrection des morts. Aussi, je suis parti du couvent pour apostoliquement respirer. Ma lettre à mon jeune supérieur fut brève : « Je me tire de la tombe par réflexe de ressuscité. »

S'il m'est toujours difficile de faire comprendre les raisons pour lesquelles je suis entré en religion dominicaine, et qui tiennent simplement à l'irrésistible besoin de transmettre ce sans quoi la vie est la pire des morts, c'est l'enfance de l'art d'exposer pourquoi je reste : parce que, de toutes les tombes conjugales, professionnelles, politiques, religieuses et irréligieuses, voilà bien la seule d'où je puisse m'échapper en permanence par fidélité à mon vœu d'obéir au Commandement nouveau du tribun Jésus.

En définitive, j'ai traversé trois grandes morts individuelles et massives, au cours de ma vie :

– la mort de mon père;

– la mort de millions d'hommes sous la torture ou dans les chambres à gaz, l'avortement de la promesse d'humanité fraternelle et sans frontières d'un peuple innombrable de personnes constituées et non de fœtus – ceci pour que vive la seule race sans aucun élan d'esprit et de cœur, aux réflexes d'effrayante cruauté;

– la froide exécution, sous Pie XII, le même pape qui n'avait pas eu un seul cri face à la solution finale, de la parole libre des dominicains français et des prêtres ouvriers, au nom d'une obéissance aveugle, d'un enchaînement de la conscience réclamée par le maître général d'alors, que je dus subir comme tout jeune supérieur du couvent de Marseille.

Imaginez dans la même personne, par caricature du mystère de l'Incarnation, la morphologie de Molotov et de Torquemada réunis, frères en nomenklatura inquisitoriale, les jumeaux dont il est impossible d'appréhender celui des deux qui est le sosie de l'autre, et vous aurez le portrait craché de feu Emmanuel Suarez, qui dissimulait sous le masque noble du maître général dominicain un échantillon du menteur, le Diable selon l'Évangile de Jean. Il voulait nous faire croire que les évêques réclamaient la suppression de notre ordre en France. Il trouva moyen d'exiger la réédition, le recommencement des vœux solennels de plusieurs frères parce que leur engagement jusqu'à la mort n'aurait pas été prononcé en bonne et due forme juridique. Il est horrible de découvrir que le responsable mondial de l'ordre dont le blason est *Veritas,* la vérité en latin et la *Pravda* en russe, vous ment [1]. Cet incident

1. Pour la sinistre affaire dont je parle, il faut lire l'ouvrage de François Leprieur, *Quand Rome condamne,* 785 pages, Éd. Plon-Cerf.

me conduit à penser la signification fondamentale de nos vœux pour les arracher à leur manipulation par le pouvoir religieux arbitraire.

Une seule fois, pour l'examen dit de confession qui leur donnait pouvoir d'écouter l'aveu des fautes des fidèles et d'accorder le pardon du Christ, je fus chargé d'interroger trois de mes frères. L'un a d'ailleurs quitté l'ordre quelques années après ses vœux. Mon unique question aux jeunes dominicains, et que je me pose toujours à moi-même dans une fidélité nullement démentie par la longue expérience des abandons, fut celle-ci : « Estimez-vous qu'en 1970 ou 1994, à l'aube de l'an 2000, un homme ou une femme peut engager sa vie entière au-delà du moment où il croit être sûr de ce qu'il éprouve? » Ma réponse affirmative est personnelle et le malaise de mon Église ainsi que de mon ordre vient de ce qu'ils feignent de la croire institutionnelle; ceci en raison de la tendance de l'appareil ecclésial à s'institutionnaliser plus qu'à s'incarner. De toute façon, ma question reste posée : je n'aurai de cesse qu'elle soit en permanence lancée, relancée à toutes les chaires, dans tous les amphithéâtres et depuis toutes les tribunes pour un large débat public. Car c'est la même qui se pose pour un homme et une femme qui se donnent leur parole d'être fidèles à leur amour.

Quoi qu'il en soit des formations déformatrices capables de conditionner, je ne donne pas cher de la valeur humaine de celui ou celle qui ne pourrait répondre de lui ou d'elle que pour l'immédiat au mieux prolongé jusqu'à quelques années. Je lis dans les yeux des frères, qui ne le sont qu'en religion, leur étonnement de ce que je ne sois pas encore parti loin d'eux. Mais je ne partirai jamais! Je ne leur donnerai pas cette joie mauvaise et il me plaît d'être obstinément du dedans mais avec tous les accents, tous les courants du dehors. Je suis fidèle à l'Esprit vif et profond, que l'on dit Saint pour rassurer les personnes pieuses, mais qui est rebelle aux miasmes internes, aux nœuds de vipères familialistes. On me demande quelquefois si la pensée ne m'a pas effleuré de quitter mon ordre. Après une légère hésitation, je réponds : « Non... la vie, oui. Et savez-vous ce qui m'a retenu? Ma province dominicaine n'ayant jamais rien fait du don de ma vie, qu'aurait-elle pu faire de mon cadavre? » Le plus curieux, c'est que je me sens dominicain à fond de train et en avion, dans une rue, à la tribune. Là où je me sens le moins dominicain, c'est dans les lieux dominicains, ceci en vertu des deux paroles inoubliables de mon Père saint Dominique : « Le grain pourrit quand on l'entasse, il fructifie quand on le sème » et « Comment travailler sur des peaux mortes quand les pauvres meurent de faim? » C'est tout le sens d'une merveilleuse sortie – Exode – des uns vers les autres. Et allez donc non pas enseigner mais annoncer la Bonne, l'Heureuse Nouvelle à toutes les nations, à tous les peuples, et plongez-les, au nom de la communauté des Personnes divines, Père, Fils et leur Souffle commun, là où ne sévit ni monarchie ni hiérarchie puisque les Trois qui n'en sont qu'Un rayonnent d'égalité... il n'existe chez eux – chez lui d'universelle contagion – pas plus de préséances que de succession. C'est l'avènement des visions prophétiques chantées par Joël : la fin d'un régime de pénurie du génie et de la sainteté. Tous géniaux! Tous saints! Car l'Esprit vient à toute chair, vos jeunes gens, vos jeunes filles ont des rêves anticipateurs, vos vieillards des songes dont ils pressentent la valeur de future réalité : « La multitude de ceux qui devenaient croyants n'avaient qu'un cœur et qu'une âme et nul ne considérait comme sa propriété l'un quelconque de ses biens : au contraire, ils mettaient tout en commun [1]. »

Désormais, je ne reviendrai pas plus au cénacle, aux boutiques religieuses et au couvent le lendemain de la Pentecôte qu'à la tombe l'après-midi de la Pâque. Tout simplement parce que – c'est là son mystère – l'Église éclate dès sa naissance. Comme d'ailleurs n'importe quel petit bout d'homme. Rien n'est aussi transgresseur que l'acte de naître. Dès qu'elle se met en forme de Pentecôte qui est son état normal, l'Église court obligatoirement le risque de l'explosion. Je comprends tout à coup son recul permanent devant la nécessité d'être explosive. Par peur d'exploser. Ce n'est pas l'un des moindres aspects du mystère de l'Église que son instinct de conservation qu'elle partage avec le vieil homme, l'ennemi féroce du Fils de l'Homme. Mon Église

1. Actes des Apôtres.

dit qu'il faut perdre sa vie pour la gagner mais, si j'examine ses réflexes et ses mécanismes de pouvoir, cette exigence élémentaire s'appliquerait à tout sauf à elle. Je crois bien la connaître. Il est un point où son infaillibilité ne fait aucun doute : l'art consommé de frapper ses fidèles qui prennent le plus à cœur l'exploration et la transmission de l'unique Parole qui la fonde. Selon un mot lumineux expressif du soulagement des diplomates, financiers et autres hommes de la religion du calcul, à la pensée de l'attentat auquel ils viennent d'échapper : « Heureusement, l'Église est là pour nous protéger contre l'Évangile ».

Pourtant l'Église demeure le grand Lieu commun où j'ai entendu les premiers accents de cette Parole de résistance aux ordres pour les sorties nécessaires de toutes les matrices closes, y compris de son propre maternalisme infantilisant, dont je ne vois pas contre quelle doctrine ou idéologie je pourrais bien la troquer. C'est dans ce sens que je ne quitterai jamais la Sainte Église catholique, apostolique du tribun Jésus car tout ce que je dis d'elle et surtout contre elle, c'est d'elle que je le tiens. A son insu. Au fond, je suis son explosif pour exploser avec elle.

En attendant l'explosion finale, la parole que m'a décochée comme la plus belle des œillades l'italienne agnostique, après l'une de mes premières conférences en habit blanc et noir du frère prêcheur, m'imprègne, me renouvelle jusqu'à l'outrance seigneuriale du tribun Jésus : « Savez-vous à quoi vous me faites penser? A une vitalité de lion enfermée dans une cloche à rats. » Ce mot ne vaut pas que pour moi. Il s'applique à tous ceux dont les folles énergies sont prisonnières d'innombrables cloches à rats qu'il faut chaque fois détruire et qui se reconstituent à la vitesse acquise du féroce poids d'inertie.

Heureusement, à tous les virages, surgissent les trouvailles. Mon ami Marcel, compagnon de mon premier voyage en Yougoslavie, me dit lentement : « Tu sais, ce type qui voulait que tous les hommes soient frères? On voyait bien qu'il était fils unique. » Je n'y avais jamais pensé. Comme celui qui me voyait discuter avec la caissière du cinéma d'Épinal où j'allais voir *Danse avec les loups*. Il dit à sa femme en me désignant : « Regarde-le, il y va de sa romance et conte fleurette. » Le plus fort, c'est qu'il avait raison. Je me sentais d'humeur apostolique à enlever toutes les caissières... et la caisse avec.

Au plus petit des auditoires comme à la grande foule et à n'importe qui, je finis par déclarer : c'est curieux, vous me rappelez quelqu'un. Pas votre père ou votre mère que je n'ai pas connus. Un air de famille plus vaste capable de rassembler tous les peuples de tous les siècles... Ting-Du, Henri Ravain et Bullu d'Éthiopie, Milo de Belgrade, les deux Sacha, ma famille de Moscou... Marie-Alice, Vassimond, Ana-Maria, Custodio, ma famille du Brésil et de la Réunion, Véronique, Pascale-Dominique, mes sœurs dominicaines de Chalais face au Vercors où le père de Montcheuil reçut la mort d'un peloton d'exécution pour voir Dieu face à face... et tant et tant d'autres, vous m'évoquez une féerique ressemblance créatrice... ma parole, on jurerait Dieu!

13

Non à la religion du calcul!

Bientôt dix milliards d'hommes sur la terre. C'était le titre de notre conférence en Arles avec Albert Jacquard. Ce chiffre, ou plutôt moins le chiffre que la réalité qu'il s'efforce de traduire, me donne à penser, à rêver. Bientôt dix milliards d'hommes sur notre planète! Nous voici au seuil de notre plus grande chance de réaliser la fraternité ou de sombrer dans la pire des catastrophes. Parce qu'au lieu de nous donner à penser, à rêver, cette foule peut nous incliner, d'un sordide calcul, à spéculer sur son chiffre fantastique. C'est le risque d'éveiller chez quelques-uns, qui ont déjà largement essaimé, l'idée du profit qu'ils en pourraient tirer. De la famille et de la nation aux appétits propriétaires ou de la foule des milliards d'hommes sur la terre, qui se prête le plus à la spéculation, aux calculs de rentabilité, aux bilans des économistes? Rien n'est plus simple que de répondre à une telle question : il faut tout de suite, d'une nécessité de salut public, opter pour les ressources du rêve créateur, de l'imagination, de la pensée des milliards d'hommes sur la terre, contre les appétits calculateurs d'une oligarchie dont le génie consiste à mettre en portefeuille, en chiffre d'affaires, l'esprit et le cœur.

Une chose est désormais certaine. Ce que nous ne donnons pas à l'imagination créatrice, au pouvoir transformé en génie du don mutuel, nous le livrons au pouvoir illimité du calcul de tout. Disons l'enjeu du débat exigé par la présence au monde des milliards d'êtres humains qui réclament ensemble, et non chacun pour soi, leur place au soleil : ou bien fabriquer en série des millions d'exécutants, ou bien éveiller, susciter des foules d'hommes et de femmes dont la génétique, liée à l'orchestration de toute la connaissance humaine, nous montre qu'ils sont chacun une fantastique exception à infirmer toutes les règles. Voilà ce que je croyais hier de Foi en Christ Jésus. Mais aujourd'hui, sans cesser d'y croire, en y croyant plus que jamais, je le sais de la certitude scientifique qu'Albert Jacquard me communique. Il est convaincu de n'être pas le propriétaire de son savoir et de sa pensée qui appartiennent au fonds commun de l'humanité.

Nous savons, de source sûre, qu'il existe plus de différences d'un individu à un autre individu, d'un homme à un autre homme, que d'une couleur de peau à une autre couleur de peau. De quoi ruiner, non seulement le racisme, mais le concept d'essence et d'existence de race! Dégageons ma première conclusion de la prochaine venue au monde de dix milliards d'hommes : je mets au défi de les faire tenir et vivre à l'intérieur d'une forme de vie structurée par la concurrence, la rivalité indéfiniment multipliée des uns et des autres. Nous sommes aujourd'hui en mesure de dire où et qui est l'unique ennemi. Le texte que j'avance ici n'a pas une ride :

> « Partout où elle a pris le pouvoir, la bourgeoisie a foulé aux pieds les relations patriarcales, féodales, idylliques. Elle a brisé les liens multicolores qui unissaient l'homme à son supérieur naturel pour ne laisser subsister comme relation de l'homme à l'homme que le dur intérêt, le froid paiement comptant. Frissons sacrés, extase religieuse, enthousiasme chevaleresque, sentimentalité petite-bourgeoise, *elle a tout noyé dans les eaux glacées du calcul égoïste.* »

Ce passage du *Manifeste du parti communiste* de Marx et Engels est plus actuel en 1994 qu'en 1848.

Le Victor Hugo des *Misérables* vient radicaliser la force d'attaque de Marx : « Qui arrête les révolutions à mi-côte? La bourgeoisie. Pourquoi? Parce que la bourgeoisie est l'intérêt arrivé à satisfaction. Hier, c'était l'appétit, aujourd'hui, c'est la plénitude : demain, ce sera la satiété... On a voulu à tort faire de la bourgeoisie une classe. La bourgeoisie est tout simplement la portion contentée du peuple... On n'est pas une classe parce qu'on fait une faute. L'égoïsme n'est pas une des divisions de l'ordre social. »

La faute du versant droit et du versant gauche de la montagne du capital et du chœur des juristes, économistes, hommes d'État et d'Église, sans compter les philosophes et les théologiens, c'est d'avoir traité l'égoïsme comme une des divisions de l'ordre social; c'est de s'être aplati devant l'égoïsme comme fin du fin et fine fleur du comportement humain; c'est d'avoir rendu les armes, remis les clefs de saint Pierre, des chancelleries et des maisons familiales entre les mains du monstre de l'égoïsme sacré comme seul et unique ressort de la société. On ne traite pas avec l'égoïsme. On en sape les moindres constructions. Il faut refuser tout compromis entre la passion d'humanité radicale et l'intérêt privé ou collectif. Comment admettre que le désir de création des liens soit rétréci, amenuisé par le libre-échange des biens dûment possédés? Il est intolérable que le souffle d'humanité conviviale soit enfermé dans le bocal de la religion du calcul des intérêts. Nous nous heurtons aux deux faces du même phénomène : l'insuffisance révolutionnaire des révolutions et l'enlisement religieux de la foi.

Après Marx et Victor Hugo, ma troisième référence sera le Sganarelle du *Dom Juan* de Molière. Je sais qu'il est d'usage de railler ce pauvre valet, pragmatique, intéressé, destiné à mettre en lumière l'envergure de son maître. Mais Sganarelle n'a rien d'homogène. C'est un personnage très complexe dont je choisis une déclaration peu connue qui ne ressemble pas du tout à ce que l'on croit savoir de lui. Dans la forêt, au troisième acte, Sganarelle contraint dom Juan au débat de fond : deux visions du monde sont aux prises et je soutiens que ce n'est pas parce que Sganarelle tombe au terme de son hymne à la gloire de l'homme qu'il est vaincu.

« Mais encore, dit le valet, faut-il croire quelque chose dans le monde. Qu'est-ce donc que vous croyez?

– DOM JUAN : Ce que je crois?

– SGANARELLE : Oui.

– DOM JUAN : Je crois que deux et deux sont quatre, Sganarelle, et que quatre et quatre sont huit. »

Alors Sganarelle part d'un immense éclat de rire : « La belle croyance que voilà! Votre religion, à ce que je vois, est bien l'arithmétique... » et à dom Juan qui, du haut de sa supériorité d'aristocrate affranchi des illusions de sa classe et du monde, lui dit froidement : « J'attends que ton raisonnement soit fini », Sganarelle répond par la plus magnifique des théologies profanes que je connaisse : « *Mon raisonnement est qu'il y a quelque chose d'admirable dans l'homme,* quoique vous puissiez dire, que tous les savants ne sauraient expliquer. Cela n'est-il pas merveilleux que me voilà ici, et que j'aie quelque chose dans la tête qui pense cent choses différentes en un moment et fait de mon corps tout ce qu'elle veut? Je veux frapper des mains, hausser le bras, lever les yeux au ciel, baisser la tête, remuer les pieds, aller à droit [1], à gauche, en avant, en arrière, tourner... »

Je trouve incroyable et comblant qu'Albert Jacquard dans *Voici le temps d'un monde fini* prenne le flambeau des mains de Sganarelle pour réfuter l'unique certitude d'un dom Juan, sa « belle croyance que voilà », l'arithmétique comme religion : « De toutes les erreurs enseignées par l'école, la plus désastreuse est sans doute contenue dans la phrase si souvent présentée comme le prototype des vérités premières : deux et deux font quatre, quatre et quatre font huit. Apparemment il s'agit là de mathématiques élémentaires. Pourtant aucun mathématicien ne peut accepter une telle affirmation. »

Albert Jacquard dévoile ainsi la vanité de la seule vérité, de l'unique valeur qui reste à dom Juan et, plus tard, à la société capitaliste, quand toutes les autres vérités et valeurs dégoûtées se sont enfuies. Pour dégager le sens du « deux et deux font quatre », tout va dépendre de la signification donnée à l'infime particule « et ». Quand on s'oriente vers le deux *plus* deux, le processus d'un ordre comparatif démarre : c'est un deux qui se découvre *plus* fort que l'autre deux, *Une! deux!,* qui se monte le cou, se contorsionne afin de distancer puis d'éliminer l'autre deux, *Une deux! Une deux!* un deux hiérarchiquement supérieur à l'autre deux, *Une! deux!* un deux hégémonique, un deux jaloux, un deux

1. Il n'y a pas d'*e* dans le texte populaire de Molière.

élitiste, un deux privilégié, un deux nationaliste, un deux raciste. *Une deux !* Mais si d'aventure, tout au contraire, le « et » prend valeur de conjonction, le ton d'égal à égal est donné, les voies sont ouvertes au foisonnement des liens de réciprocité. Pour peu que l'on abandonne les sentiers battus et séculaires de la désastreuse valeur additive, pathologiquement comparative, de l'accumulation des biens, il en va tout autrement. Si nous quittons le terrain miné *du plus et du moins* pour nous placer sur celui de l'autre interprétation du « et », celui de la conjonction qui lie une unité à une autre unité semblable, un deux égal à un autre deux, comme dans une phrase où deux mots sont unis par le verbe capable d'en relier des milliards d'autres, la grâce du passage de l'addition à la conjonction métamorphose tout. *L'un au-dessus de l'autre* est remplacé par *l'un avec l'autre.* Le verbe ou la parole a seul pouvoir d'animer, de colorer le chiffre froid et gris, soit pour le ridiculiser dans sa prétention d'être le dernier mot de tout, soit pour exalter ses possibilités, qu'il exprime et appelle, de relations à l'infini.

Vous pouvez prononcer dix milliards d'hommes sur le ton froid du calculateur ou avec l'accent d'amitié pour l'être unique au monde qu'ils sont chacun, peuplé des autres.

J'emprunte à Victor Hugo deux titres de chapitres des *Misérables* qui vont résumer tout mon propos : le premier s'intitule « La surface de la question », le second « Le fond de la question ». Eh bien, pour la première fois dans l'histoire, le fond de la question est en train de monter à la surface! C'est en effet la première fois que des générations d'hommes et de femmes, en masses humiliées, sentent deux réalités qui n'en forment plus qu'une : qu'ils sont le monde et qu'ils n'ont aucune place dans ce monde. A coup sûr, pour la première fois dans l'histoire, les damnés de ce monde réalisent que, s'ils se laissent entasser sous la loi du marché, c'est le triomphe, au prix de leur mort lente, de l'inexorable religion du calcul. Mais ils savent aussi d'expérience récente que, pour peu qu'ils obéissent, par faim d'illusoire émancipation, à l'entassement collectiviste, ils ne sortent pas de la loi du tas. Capitalisme et collectivisme les maintiennent les uns sous les autres. Aussi apprennent-ils, peu à peu, l'art de vivre les uns avec les autres; aussi s'ingénient-ils à inventer les menus et grands gestes qui les font responsables les uns des autres.

Voici l'heureuse nouvelle, la donnée toute neuve du siècle qui s'achève : le fond de la question, des milliards d'hommes, avides d'une inimaginable convivialité, s'éprouvent niés tout vifs, sous le poids du règne de l'arithmétique. Aujourd'hui, c'est la question de fond qui n'aspire pas fatalement à se venger de la surface dorée, glacée, mais à casser sa glace superficielle pour obliger les patineurs distraits de l'égoïsme sacré à oser regarder en face, et même vivre eux aussi, tout au fond de la commune question cruciale. Les hommes des profondeurs de l'histoire se donnent les moyens, non du pouvoir (substantif) qui s'exerce toujours sur d'autres, mais de pouvoir (verbe) s'affranchir des griffes du tout est marché. Le fond de la question en multitude humaine remonte à la surface de l'universelle religion du calcul qui fait de l'argent au lieu de faire la vérité. Voici venir le temps des poètes, des rêveurs, des réalisateurs de l'humanité. L'exigence des hommes porteurs du fond de la question, c'est de n'être plus calculés, mais imaginés au point de pouvoir s'imaginer les uns les autres. Ils sont les ouvriers d'une transformation de la nature même du pouvoir.

En réalité, personne maintenant ne peut rester à la surface de la question puisqu'il y trouve le fond : des hommes si démunis de tout bien qu'ils en sont réduits pour vivre à créer des liens. La surface de la question, c'est le chômage, l'absence d'emplois et le sous-emploi des énergies humaines dans la seule catégorie prévue, celle des métiers sectoriels, parcellaires, sous le signe de la religion du calcul. Le fond de la question maintenant visible, c'est, par-delà le travail réducteur de l'homme, la nécessité d'accéder tous à l'ampleur inépuisable de l'action humaine, au don mutuel du sens de tout. Donc, plus de chômeurs ni d'exécutants, rien que des créateurs qui ne s'insèrent pas dans le monde déjà fait, mais le font ensemble.

Le voilà enfin le seul vrai mobile d'action digne de l'homme. Avec une telle foule humaine à venir et déjà là, le second terme de l'alternative, le cataclysme, la catastrophe planétaire, est écarté. Il ne reste plus que le premier terme au succès certain, la plus formidable chance de l'humanité. On ne pourra plus mettre des milliards d'hommes sous cloches à rats, les comptabiliser dans la machine à calculer du vieux marché, même modernisé. Le travail en série et en miettes leur est inadapté. Il leur faut, non pas à mi-temps mais à temps plein, la création. Des hommes, depuis si longtemps, les traitent en sous-hommes qu'ils ne se satisferont pas de n'être traités qu'en hommes. Ils exigent d'être traités comme Fils de l'Homme, le virtuose d'humanité, capable d'anticiper tout ce qu'il sont. Dès lors, nous n'avons plus qu'à chanter avec entrain le refrain : nous sommes tous les virtuoses du Verbe en verve qui finiront bien par faire mordre la poussière à l'immonde salaud du chiffre d'affaires.

Vivons l'impayable aux deux sens du terme : la cocasserie et la gratuité contre l'obligation de tout payer. La scène que nous voulons désormais jouer a l'ampleur d'un affrontement mondial du Verbe fait chair et de la religion du calcul. Telle est la grande œuvre de notre condition humaine actuelle. A la différence de la tragédie grecque où les morts restent morts, où le chœur pleure la victoire de la fatalité, des milliards de figurants métamorphosés en acteurs de premier plan jouent sans fin le théâtre de la Résurrection des pseudo-vivants et des morts.

« La Pâque des affairistes sacrés était proche et Jésus monta à Jérusalem. Il trouva dans le temple les marchands de bœufs, de brebis et de colombes ainsi que les changeurs qui s'y étaient installés.

Alors, s'étant fait un fouet avec des cordes, il les chassa tous du Temple. Il dispersa la monnaie des changeurs et renversa tables et comptoirs. Il dit aux marchands :

– Enlevez d'ici cette montagne d'accumulation des profits et ne faites pas de la maison de mon Père la maison du trafic.

Ses disciples se souvinrent qu'il est écrit : " La passion de ta maison me dévorera ". Mais tous les affairistes sacrés qui étaient là lui dirent :

– Quel signe donnes-tu qui te donne le droit de cette mascarade d'action d'éclat?

Il leur répondit :

– Détruisez ce Temple et, en trois jours, je le relèverai tout neuf.

Alors ils lui dirent :

– Il a fallu quarante-six ans pour construire ce Temple, et toi tu le relèverais en trois jours?

Mais lui parlait du Temple de son corps. Aussi lorsque Jésus se releva d'entre les morts, ses disciples se souvinrent qu'il avait parlé ainsi et ils crurent à l'Écriture ainsi qu'à la Parole qu'il avait dite [1]. »

Ce n'est que le début de la grande offensive du jeune Fils de l'Homme contre le marché du vieil homme.

1. Jean, II, 13,22.

II

Théogenèse 1 :

À fils insurgé, Père partisan
Tel fils, tel père

1

Le Dieu Tout-Puissant est mort en Jésus-Christ

Ma vie est pleine de rencontres d'inconnus. Une nuit où je revenais de Lorraine, j'attendais une correspondance au buffet de la gare de Lyon-Perrache. A l'époque, mon habit blanc de dominicain me faisait sans doute trancher sur la grisaille des clients en souffrance. Brusquement, j'entends une voix :

« Mon père, ne trouvez-vous pas que le monde va mal? »

Je réponds : « C'est un point de vue qui me paraît fondé. – Et tout ceci, poursuit l'inconnu, parce que l'homme ignore l'art suprême qui consiste à s'en foutre. »

Toute mon attention se concentre sur le messager de je-ne-sais-quelle providence. Il enchaîne :

« Me permettez-vous de vous exposer ma vision du monde?

– Je vous en prie.

– Au plus bas degré de la hiérarchie des êtres, l'homme. Un peu au-dessus, l'animal. Légèrement surplombant, le végétal. Enfin (ici la voix se brise d'émotion incantatoire), le minéral, la perfection du diamant qui reflète à l'infini l'art transcendantal, l'art divin qui consiste à s'en foutre. »

J'écoute fasciné.

L'inconnu de Perrache continue :

« J'ai deux pied-à-terre : l'un à Paris, l'autre à Marseille. Mon domicile habituel : la SNCF. L'opinion mûrie que je viens d'offrir à votre capacité intellectuelle, j'ai eu l'honneur de la présenter au révérend père Cardonnel. »

Je ne bronche pas et, après un long silence, m'échappe l'aveu d'une hésitation :

« Vous permettez, c'est un nom qui me dit quelque chose. » Et je finis par lui dire qu'il se pourrait que ce fût moi. Il me regarde fixement :

« Vous avez changé, mon père. Sans doute les inévitables remises en question. Vous m'excusez, j'ai un train à prendre dans la nuit. »

Et il s'évanouit dans le brouillard lyonnais des premières lueurs du jour, me laissant perplexe sur mon identité.

L'étranger d'une nuit à Perrache m'a mimé, en comédien doué d'une force de dérision vertigineuse, les implications du Dieu que l'on m'avait enseigné. Les théologiens classiques appellent son attribut majeur l'indifférence dominatrice, l'impassibilité totale. Rien ne l'affecte, rien ne le touche. Rien ne l'altère (au sens où l'*alter,* c'est l'autre). Face à lui et en lui, il n'y a pas d'Autre qui puisse l'altérer. Il n'y a que du rien, des riens. Lui est d'acier, de marbre éternel, cuirassé d'omnipotence. Que l'on dise Dieu le Tout-Puissant, la nécessité objective, la nature, ou la force des choses, le mot n'a aucune importance, il couvre d'un manteau majestueux la Divinité omnipotente. Je ne suis pas mais je deviens toujours plus consciemment l'athée de ce Dieu-là. A partir des ravages d'une telle notion surgie du pire de l'imaginaire de l'homme, les religions sacrales autoritaristes d'un pape Jules II, ou sécularisées d'un Staline ex-séminariste, ont toujours la théologie de leur politique, la politique de leur théologie.

Je n'en finirai pas de défricher le sol que me donne à creuser mon ange gardien du vieux Perrache. Le Dieu qu'il feint d'admirer pour, peut-être, le ridiculiser à fond, c'est l'autosuffisant. Sa création ne lui ajoute rien, il se moque éperdument de tout ce qui n'est pas sa propre Gloire. Auprès de cette conception, la plus répandue, de la Divinité surplombante et dirigeante des pires horreurs terrestres, même s'il lui vient un fils miséricordieux subordonné à son pouvoir souverain, l'athéisme ne fait pas le poids. Il faut l'antithéisme. J'en arrive ainsi au constat du décès de la théologie comme discours sur Dieu. Il est indécent de traiter de Dieu, de ses attributs, quand des hommes en masses meurent de faim ou sous la torture. C'est un fait : le signe du vide bavard des théologies reconnues, c'est leur manque d'empoignade existentielle. A l'évidence, elles se portent bien, elles se paient le luxe de l'impartialité, de l'objectivité, elles sont sereines alors que le monde, les hommes en masses se portent mal. C'est donc que la théologie est d'une maladie d'autant plus terrible qu'elle le comme une sœur à la santé. « Parce que je ne suis pas venu pour les bien portants mais pour les malades », l'élémentaire de l'Évangile.

La revue *Concilium,* issue du concile Vatican II, avait pour leitmotiv : après Auschwitz, après Hiroshima, on ne peut plus faire de la théologie comme avant. La théologie, discours intemporel sur Dieu ineffleuré par les massacres d'hommes et de femmes dans le mutisme du souverain pontife, est morte avec les millions de Juifs exterminés à Auschwitz, Dachau, Dora ainsi que tous les lieux d'horreur méthodique, et les victimes de tous les génocides. Mais il faut remonter beaucoup plus haut dans la machine à explorer le temps pour fixer la date du décès de tout discours serein, académique sur le Dieu maître de la nature et de l'histoire. La fin de l'étude théologique du Dieu des chrétiens eut lieu vers 1530, lorsque mon frère dominicain Bartolomé de Las Casas prononça un verdict sans appel, dans la *Très Brève Relation de la destruction des Indes :* « Au cours de ces quarante ans qui suivirent la découverte du Nouveau Monde, plus de douze millions d'âmes, hommes, femmes et enfants, sont morts injustement à cause de la tyrannie et des œuvres infernales des chrétiens. » Le Dieu chrétien, aggravé par le discours sur lui, est mort avec le génocide des Indiens commis en son nom par goût effréné de l'or.

A la faveur de la chute du régime collectiviste, regardé comme la seule forme d'alternative au capitalisme, notre moment d'histoire consacre le règne de l'argent, nerf de la guerre économique et militaire, dénoncé par Bartolomé de Las Casas. L'unique système de vie, ou plutôt de mort, concevable en 1492, aux yeux d'un Occident à diction chrétienne et comportement mercantile, est décrété le seul possible selon l'applaudimètre libéral, socialiste, ex-communiste, chrétien réaliste en 1994. Le constat d'un monde auquel n'ont rien appris les génocides des Indiens, porteurs de l'une des plus belles structures humaines viables, celle d'une réciprocité de biens qui sont liens, me met sur la voie d'une intuition majeure : quand les hommes du XVIe et du XXe siècle se jettent aux poubelles de la nature et de l'histoire, relèguent à l'état d'utopie, et même de chimère, le plus pur, le plus réel d'eux-mêmes, leur conviviale humanité, un agneau dit ce qu'ils refusent afin d'exclusivement calculer. Et cet agneau, c'est l'Agneau de Dieu. Car il n'y a jamais un loup de Dieu, sauf celui qui écoute François d'Assise et s'amuse d'innocence juvénile avec l'Agneau. A cette phase de ma recherche, me heurte de plein fouet la réflexion du régent des études de ma province dominicaine de Toulouse : « Nos jeunes frères appartiennent à la génération de la postmodernité. Le mal n'est pas leur problème. » Comment? On n'a le droit d'être dans la postmodernité qu'à la condition d'avoir traversé le monde moderne avec la somme de ses questions et de ses défis! « Que voulez-vous? disait le grand philosophe Emmanuel Lévinas, le mal donne à penser. » Si le mal d'Auschwitz, de Hiroshima, Sarajevo, Sabra et Chatila, des massacres d'Indiens et de Noirs ne fait pas problème à des jeunes théologiens qui ne peuvent dès lors que refuser le passage du problème au scandale, je ne donne pas cher de leur théologie.

Voici des années que mon exaspération jubilante d'apôtre progresse face au spectacle d'une division de la théologie en ce qu'un bon thomiste d'aujourd'hui appelait ses deux mamelles : la théologie dogmatique et la théologie morale. Il y aurait donc deux espèces du raisonneur théologique : les dogmaticiens et les moralistes, les premiers experts en mœurs de Dieu, les seconds spécialistes et, pour peu que les événements se prêtent à une possibilité gouvernementale d'Église, directeurs de la conscience des hommes. Or, ce que je garde du plus précieux de l'enseignement chrétien, c'est l'unité de la théologie, au sens d'une participation créatrice au comportement du Créateur, dont elle cherche à toujours mieux connaître ce qu'il est. Mais le fruit de mon expérience apostolique depuis des années peut se ramener à un point très simple : si les théologiens moralistes s'adaptent plus heureusement que par le passé aux exigences des situations humaines, la théologie dogmatique, elle, ne bouge pas. Ceci parce qu'elle ne met pas en question un Dieu qui avant tout gouverne le cours des choses. Notre désaccord atteint son paroxysme avec le problème du mal. Là où je suis le plus fidèle à ma tradition théologique, au principe de ma rébellion, c'est dans son inépuisable intuition sur le mal. Le mal est une privation. Au lieu d'approfondir cette incroyable trouvaille, les théologiens classiques n'arrêtent pas de se faire des nœuds en essayant de concilier la Toute-Puissance divine et la réalité du mal qui, avec tout ce qui existe, ne pourrait être que l'effet du pouvoir de Dieu. Comme, selon la conception traditionnelle, Dieu est à la fois infiniment Bon et Tout-Puissant, il ne veut pas le mal mais il le permet. Il signe un décret permissif qui autorise l'injustice, le meurtre, les génocides pour un éventuel « Bien supérieur ».

Je récuse cet abominable décret-loi qui fait du Créateur un Pilate cosmique, par les quatre idées qui n'ont jamais effleuré la pensée de Dieu révélé en Jésus-Christ.

Tout d'abord, l'idée de la Toute-Puissance. Dieu n'est pas le Tout-Puissant. Il ne peut se vouloir au-dessus de tout. Son action, de l'Exode à Jésus-Christ, révèle qu'il est *avec* jusqu'à se dévoiler *Emmanuel,* le Dieu parmi nous.

D'autre part, l'idée de la compétition, le désir de supplanter l'autre.

Troisièmement, l'idée de *calcul.* Dieu ne compte jamais puisqu'il est l'incalculable grâce, la candide gratuité qui ne fait rien payer.

Et, enfin, l'idée de la propriété privée qui repose sur une double privation : celle qui prive les autres et celle qui prive Dieu des autres, c'est-à-dire ce en quoi consiste le mal – la privation –, que je traduis volontiers par privatisation.

La théologie chrétienne s'est écartée du Dieu qui n'a rien en propre, parce qu'il est le *Dieudonné*. Elle a voulu s'accrocher au Tout-Puissant propriétaire du cosmos. Le Dieu que l'on m'a enseigné, c'est le « premier moteur immobile et séparé » qui, une fois la chiquenaude initiale donnée, continuée par le « soutien dans l'être », se retire de sa création dont il n'a que faire, se retourne vers le mur de sa Transcendance, et s'endort jusqu'à ce que ses ministres le réveillent pour lui faire signer son premier décret permissif. La théologie – « discours sur Dieu » – pour sauvegarder la Transcendance d'impassibilité divine a fini par faire de Dieu la quintessence même du mal, la privation de tout ce qui l'empêcherait d'être Dieu à lui tout seul. Un mot latin barbare exprime cet égoïsme sacré absolu, ce solipsisme total : l'*aseitas*. Le fait du Prince, le vice solitaire d'un monopole absolu du pouvoir.

Rien n'est monstrueux, divinement diabolique comme l'idée habituelle, transmise par voie d'hérédité, que les hommes se forgent de Dieu. D'ailleurs, à supposer que la théologie réponde aux questions sur le mal, cela signifierait sa mort comme pensée théologique rationnelle et chrétienne. Expliquer l'horreur historique des meurtres et tortures veut dire en prendre son parti, l'intégrer dans son système et dans le plan de Dieu, la justifier par sa contribution « mystérieuse » à l'éclat d'un plus grand bien. Non, on ne pouvait faire comme avant de la théologie, après que des petits Indiens ont été dévorés par les chiens des chrétiens; après la vente massive de Noirs par millions sur le marché aux esclaves. Et pourtant on a continué à faire de la théologie, à raisonner sur Dieu comme si de rien n'était. Nous touchons là le point crucial, au sens précis de la mise en croix : il a fallu le crime contre elle pour que les hommes découvrent que l'humanité réellement existait. Il a fallu que des hommes la tuent à des millions d'exemplaires pour s'apercevoir qu'ils ne pouvaient exister humainement eux-mêmes qu'en la constituant sous forme palpable, en lui donnant chair, constitution politique, qu'elle était autre chose qu'une utopie, une chimère, un mot en l'air. Et je ne suis même pas sûr que tous les hommes soient sûrs de l'évidence enfantine qu'il me paraît vital d'énoncer ici.

La théologie, telle qu'il est courant de la concevoir, se trouve prisonnière d'une détestable scolarité, avec ses titres, ses diplômes, ses doctorats, comme un quelconque savoir sectoriel et parcellaire. Il est urgent que la création du monde ne soit pas envisagée sous l'angle d'un surgissement de l'univers physique qui aurait son fabricant, son fabricateur, mais comme l'œuvre en voie de chef-d'œuvre, dans son devenir à travers les siècles, du créateur, du poète de la vie, de l'histoire et du monde. La déscolarisation de la théologie, c'est ce que j'appelle la théogenèse – le passage du discours sur Dieu à la genèse de Dieu. Il faut d'urgence substituer au rapport créateur-créatures le lien du créateur divinisant et de la création divinisée. Décidément, elle ne m'a pas trompé, la grande intuition de ma vie : Dieu est mort en Jésus-Christ. Ici, au crépuscule de ma vie, j'en développe les virtualités jusqu'à pulvériser les restaurations d'Églises et le marché mondial déguisé en société.

A l'heure d'une élaboration de ma théogenèse, je songe brusquement à l'histoire biblique du péché d'Onan, au chapitre 38 de la Genèse :

« Juda prit une femme pour son premier-né Er; elle se nommait Tamar. Mais Er, premier de Juda, déplut à Yahvé qui le fit mourir. Alors Juda dit à Onan : va vers la femme de ton frère, remplis avec elle ton devoir de beau-frère et assure une postérité à ton frère. Cependant, Onan savait que la postérité ne serait pas sienne et, chaque fois qu'il s'unissait à la femme de son frère, il laissait perdre à terre sa semence pour ne pas donner une postérité à son frère. Ce qu'il faisait déplut à Yahvé qui le fit mourir lui aussi. »

Il est clair qu'une théologie officielle constitue le transfert du péché d'Onan sur Dieu. Au lieu de s'unir à la Création et de lui donner comme chef-d'œuvre l'humanité selon la Révélation du Père de Jésus le Christ, le Dieu qui d'abord règne sur des créatures et gouverne l'histoire ne prend plaisir total qu'avec lui-même, s'autosuffit et tire un maximum de jouissance solitaire de tous ses sens divins.

Je donne alors sa signification homérique au cri de ma vie : *le Dieu de l'onanisme transcendantal est mort en Jésus-Christ.* Et, comme le Dieu autosuffisant voit tout et n'est vu de personne, *ce Dieu voyeur des vertus et vices de toutes ses créatures est mort en Jésus-Christ.*

Je me rappelle tout à coup qu'Alfred Jarry est l'auteur d'un extraordinaire *Ubu roi.* J'écris ici Ubu-Dieu qui donne comme preuve de sa divine existence l'énormité de sa panse : « J'ai panse, donc je suis. » Les théologiens dogmaticiens ont confondu la transcendance divine avec la panse d'Ubu-Dieu engraissée des pauvres bêtes, d'Iphigénie et d'Isaac qui lui sont offerts en sacrifice. L'intuition de ma vie se fait joyeuse nouvelle libératrice : *le Dieu vicieux d'exercice solitaire du pouvoir absolu est mort en Jésus-Christ.*

La commission doctrinale des évêques français publia en 1968 un texte intitulé : « Dieu est toujours vivant dans le Christ ressuscité ». Il s'agissait d'une réfutation de « Dieu est mort en Jésus-Christ ». Je n'eus aucune peine à répliquer, lors de mon Carême à la salle des meetings de Paris, la Mutualité : « Je me rallie d'autant plus à la parole de nos évêques que le Dieu dont ils disent qu'il est toujours vivant est bien le contraire de Celui dont j'affirme qu'il est mort en Jésus-Christ. » Mais, quand je rencontrais à nouveau certains de nos évêques, je ne leur cachais pas le fond de ma pensée : ce n'est pas seulement le faux Dieu qui est mort en Jésus-Christ, c'est aussi le vrai. Nos bons évêques levaient les bras au ciel et s'exclamaient : « Ça recommence! » Je répondais : « Mais enfin, Messeigneurs, ce n'est pas à vous qu'il faut rappeler cette évidence. Pour ressusciter, il faut mourir. » Ne pas faire semblant d'agoniser en s'appuyant sur sa certitude d'être Dieu et de le rester, envers et contre tout, mais être réellement tué, frappé de mort violente et définitive, connaître dans sa chair qui va pourrir que l'on sentira bien plus qu'un passage rapide par les armes, coup de sabre, de hache ou de feu, puisqu'il s'agit du supplice des esclaves révoltés : une croix perdue dans la forêt des croix.

A nous en tenir à la doctrine classique du concile de Chalcédoine selon lequel il existe dans le Christ deux natures, l'humaine et la divine, mais une seule personne – de Dieu –, la personne du Verbe, la conclusion est nette : Dieu est mort en Jésus-Christ, car nous pouvons dire avec saint Thomas d'Aquin que c'est la personne et non pas la nature qui constitue le principe des actes. Par conséquent, Dieu naît, Dieu apprend à lire et à parler, Dieu mange, Dieu boit, Dieu dort, Dieu rêve, Dieu lutte, Dieu se compromet, Dieu meurt en Dieu-homme, Homme-Dieu : Jésus-Christ.

Seul parmi tous les punis de mort pour crime d'insubordination radicale, Jésus ne fait pas la moindre concession au Tout-Puissant à l'état pur et brut. Seul dans l'histoire, il a croisé le fer, à en être crucifié pour ce motif, avec l'unique adversaire à sa taille, à sa hauteur d'humanité toute innocente et neuve. Pas le Démon visible. C'est par trop facile – mais le Tout-Puissant, Satan déguisé en la plus caricaturale des idées convenables, bien élevées, de Dieu. Jésus demeure le seul qui fait infiniment plus qu'annoncer que Dieu est mort comme expression suprême du pouvoir absolu. Il a tué, dans sa prétention d'être Dieu, le tueur de l'homme, que le commun des mortels, force de frappe de la religion, appelle Dieu. Il a osé dire publiquement que ce Dieu de la religion n'était qu'une idole, la pire, parce que la plus pure de toutes les idoles, qui ne faisait pas le poids auprès de son Père, identiquement le Père de tous, sans lequel il y a peut-être espèce humaine mais pas humanité. Il méritait donc la mort et pas n'importe quelle mort mais la pire de toutes pour crime de régicide, de parricide, euphémismes pour ne pas nommer le crime des crimes, le déicide. C'est pourquoi nous retrouvons les deux chefs d'accusation mentionnés par Tacite contre les premiers chrétiens des temps apostoliques avant le règne de Constantin, qui banalisa le nom de chrétien en le faisant le synonyme d'un bon sujet d'Empire. Mais, aux origines du christianisme, les chrétiens étaient pour Rome les *eversores ordinis,* les perturbateurs de l'ordre parce que athées – sans Dieu que l'on puisse ranger dans le Panthéon des dieux civilisés de l'Empire. Car Jésus le Christ, pire encore que le Dieu nomade et invisible des Juifs apatrides, est l'athée de tous les dieux, le premier à renverser « l'idole monothéiste [1] ». *Oui, l'idole monothéiste est morte en Jésus-Christ !*

Les Églises chrétiennes dans ce qu'elles gardent d'inféodation à une divinité dominatrice et l'islam, du moins en tant qu'il est mal dégagé d'un Dieu massivement adoré comme le plus fort de tous les forts – sans compter le judaïsme quand il est infléchi en théocratie –, ont réussi l'opération magistrale : réunir en la personne d'un Tout-Puissant solitaire la férocité du Dieu polythéiste des nations, c'est-à-dire de Dieu au pluriel, et la barbarie de Dieu au singulier, le Dieu d'un peuple élu par choix arbitraire avec promesse d'une terre conquise, au lieu d'être celui qui fait sienne la cause des hommes tenus pour rien. Il s'agit du Dieu unique paré des attributs de tous les faux dieux qu'il aurait vaincus pour les remplacer à lui tout seul.

Jésus-Christ combat le Dieu encore mal sorti des affres du paganisme et qui, pour sa Gloire, exigerait d'Abraham le sacrifice de son fils sur l'autel de la Transcendance divine, quitte, au tout dernier moment, à revenir sur son ordre barbare en substituant un animal innocent à la victime humaine [2]. Ce Dieu-là préfigure une abominable caricature du Père de Jésus-Christ livrant lui aussi son Fils à la mort, en victime expiatoire du péché commis contre

1. C'est le titre prodigieux d'un ouvrage de Manuel de Diéguez, éd. PUF, 1981, 257 p.

2. Il faut lire l'interprétation libératrice de Marie Balmary dans *Le Sacrifice interdit,* éd. Grasset, 1986.

son amour-propre de Tout-Puissant. Ce Dieu-là trouve sa consécration anti-Christ dans l'article 1823 du *Nouveau Catéchisme* de l'Église catholique qui suffirait à discréditer cet ouvrage : « La charité est la vertu théologale par laquelle nous aimons Dieu... » Je m'attendais à « de tout notre cœur, de toute notre âme, de toutes nos forces et de tout notre esprit ». Eh bien, non! « La charité est la vertu théologale par laquelle nous aimons Dieu par-dessus tout et pour lui seul et notre prochain comme nous-mêmes pour l'amour de Dieu. » Nous sommes là en présence du péché contre l'Esprit : faire de Dieu Celui qui commanderait de l'aimer, non pas de tout notre être, mais par-dessus tout et pour lui seul, à l'exclusion des autres, comme la perfection de la plus dangereuse des suprématies puisqu'elle serait celle de l'amour. La force créatrice, libératrice d'aimer révélée par Jésus le Christ a ceci d'unique qu'elle est radicalement incompatible avec toutes les suprématies, même et surtout avec celle de Dieu qui montrerait ainsi qu'il est le pire des faux dieux.

Le Dieu Tout-Puissant tortionnaire du monde, le Dieu du dernier catéchisme, qu'il faudrait aimer par-dessus tout et pour lui seul, est mort en Jésus-Christ.

2

Le Dieu de la Loi écrite est mort en Jésus-Christ

J'extrais de *La Parole qui guérit* d'Eugen Drewermann ces deux joyaux évangéliques : « Nous devrions raconter la Bible comme notre dernier rêve »; et, en guise de présentation de Jésus : « Voilà un homme qui préfère briser la Loi écrite par Dieu qu'un cœur d'homme. »

Pour la première de ces deux inépuisables paroles, heureusement tout le monde rêve car le rêve est bien le meilleur de l'homme, ce qui l'affranchit de la plus stupide des idées, à savoir qu'il n'existerait de réalité qu'aplatie, purgée du moindre songe.

Personne n'est exclu de la grâce du rêve, même pas la femme du gouverneur colonial Ponce Pilate. Quand on amène au tribunal de la colonie un homme accusé de soulever le peuple, elle conseille à son mari de ne pas briser le sens profond de son rêve de femme en clouant au poteau toute l'innocence du monde.

Oui, heureusement, tout le monde a la ressource du rêve, même le pharaon d'Égypte qui s'évade ainsi, l'espace de plusieurs nuits, des pièges de son pouvoir. Il découvre ce qu'a d'infirme sa toute-puissance, par la miséricorde du rêve. Du rêve que seul Joseph est capable d'interpréter pour lui. Ce petit esclave juif vendu par ses frères fut jeté en prison à cause de la femme du capitaine des gardes, Putiphar, qui l'avait calomnié pour refus d'adultère avec elle. Ce pharaon d'Égypte a su confier le pouvoir, non pas à de vulgaires commis gestionnaires du Trésor de l'État, mais au songeur Joseph, capable d'interpréter le rêve d'avenir des peuples à travers la détresse de son rêve royal :

« Je rêvais, dit-il, et je me voyais debout sur la rive du Nil. Voici que du Nil montaient sept vaches bien en chair et belles de forme. Elles se sont mises à paître dans les fourrés. Puis sept autres vaches montèrent après elles, maigres, très vilaines de forme, et efflanquées comme je n'en ai jamais vu d'aussi vilaines dans tout le pays d'Égypte. Les vaches vilaines de forme et efflanquées dévorèrent les sept vaches grasses du début. Une fois entrées dans leurs panses, on ne se doutait pas qu'elles y fussent tant leur aspect restait aussi vilain qu'avant. Alors, dit pharaon, je me suis réveillé. »

Mais c'est d'une signification limpide! Et je ne veux pas croire que les gens de Wall Street, du Pentagone et les passagers de la Maison Blanche ou de l'Élysée soient plus oublieux de leurs rêves qu'un lointain pharaon d'Égypte prenant pour confident et Premier ministre un rêveur du tiers monde. Car c'est le peuple du tiers monde qui détient la clef des songes des gens au pouvoir :

« Voilà la parole que j'avais à dire à Pharaon, dit Joseph. Dieu a révélé à Pharaon ce qu'il va faire. Sept années de grande abondance symbolisées par les sept vaches grasses vont venir dans tout le pays d'Égypte. Puis surviendront après elles sept années de famine symbolisées par les sept vaches maigres et vilaines. Et l'on perdra le souvenir de toute cette abondance. » Il nous faut appliquer résolument le rêve de Pharaon interprété par Joseph, le petit esclave juif, génial visionnaire du songe royal des vaches maigres et vilaines, aux premiers signes d'agonie du capitalisme à l'heure où tout le monde chante les vertus de l'économie de marché. Comme Chateaubriand écrivait de la monarchie : « Jamais le trône ne m'avait paru aussi solide qu'à la veille de sa chute. »

Quant à la seconde parole d'Eugen Drewermann, commentaire du récit évangélique de la femme adultère, je me permets d'y ajouter seulement une ultime précision : « Voilà un homme qui préfère briser la Loi écrite par Dieu qu'un cœur d'homme... » *et, à plus forte raison, que tuer physiquement une femme.* Je ne sais pas condamnation aussi absolue de la peine de mort que ce passage de l'Évangile, à l'encontre du catéchisme de l'Église catholique qui l'autorise dans certains cas! J'en suis sûr maintenant, cette condamnation du jugement à mort est précisément la chose qu'au grand scandale des religions, des conservations, des révolutions et des restaurations écrivait sur le sable, qui aussitôt l'effaçait, le

Verbe Jésus. Jésus le Verbe jamais écrit s'insurgeait contre la Loi écrite par Dieu, par le Dieu des hommes et les hommes de Dieu, qui ordonnait de tuer à coups de pierres une femme surprise en flagrant délit d'adultère.

3

L'hypothèse et l'unique conviction

Le scandale des génies humains condamnés à l'éphémère – souvent génies sans notoriété qui me consolent des notoriétés sans génie – s'est toujours ravivé des feux croisés de mes lectures et de mes rencontres. C'est là que je me suis forgé une méthode personnelle d'exploration du réel. Je tire de ce trésor de faits divers, de ce Buisson ardent de visages en souffrance d'éternité, des hypothèses anticipatrices que je n'aurai plus qu'à vérifier par l'expérience. C'est le type même de la démarche scientifique. La paresse intellectuelle et affective qui fait que la richesse fabuleuse des possibilités humaines est scandaleusement non défrichée confirme la vérité de cette parole d'un astrophysicien à ses étudiants, reprise par Hubert Reeves lors d'une émission télévisée : « Vos hypothèses ne sont pas assez folles pour avoir quelque chance d'être vraies. »

Or, je formule depuis des années la plus folle des hypothèses qui réunit donc toutes les chances d'être vraie, de se révéler en cours de réalisation : tous les hommes sont doués d'un génie de sympathie, qui ne demande qu'à s'épanouir dans les faits, au point de devenir l'Événement d'êtres humains que ne peut plus contenir une seule institution. Je n'ai plus de certitude. Rien que des convictions, ou plutôt une seule. Le propre de la conviction, en effet, c'est qu'elle n'est ni individuelle ni collective, ni imposée par un catéchisme ni réduite à l'opinion libre, inconsistante sur le marché camouflé en société. Dans la conviction, il n'y a jamais la victoire des uns sur les autres, rien que la victoire des uns avec les autres. Ni vainqueurs ni vaincus mais la seule victoire commune des uns et des autres sur leurs préjugés, leurs idées toutes faites. Il se trouve alors que mon unique conviction, c'est ma folle hypothèse. Elle vient de beaucoup plus loin et d'infiniment plus profond que moi parce qu'elle est plus moi que moi : elle est quelqu'un. L'homme qui est allé jusqu'au bout, à en mourir, de la plus folle des hypothèses a ceci d'unique dans l'histoire du monde qu'il lui a donné corps. S'il lui donne corps, c'est parce qu'il fait corps avec elle. Et quand vous donnez corps à la plus folle des hypothèses, quand vous faites corps avec toute son ampleur de réalisation historique, vous prouvez plus que sa probabilité. Vous faites la preuve qu'elle est la seule vraie, qu'elle est la réalité même. Tout Jésus-Christ se manifeste là. Ce n'est pas une Résurrection qui suit la passion. Mais une vie donnée jusqu'à la mort pour que renaissent tous les hommes en une seule famille inscrit cette folle hypothèse dans les faits. Elle l'incarne. Elle en fait l'Événement. Quand un homme va jusque-là, c'est au moment où il meurt qu'il déborde la mort et vit à fond, ce qui veut dire ressusciter.

Jésus-Christ est le seul chercheur qui vérifie par son expérience personnelle l'authenticité de l'hypothèse la plus hardie. Il faut en tirer la conclusion rigoureuse : le Dieu des constats de décès, le Dieu des thèses sur tous les hommes jugés quelconques et mortels, ce Dieu-là est mort en Jésus-Christ, l'hypothèse en personne que vérifie l'expérience passionnée des relations mutuellement créatrices, celle du génie unique au monde – de tout être humain.

4

L'In-Existence de Dieu

Lorsqu'on m'accusa de pactiser avec les coupables de l'annonce du décès de Dieu, des amis me défendirent avec un argument de Thomas d'Aquin : s'il y a dans le Christ deux natures, l'une divine, l'autre humaine, en une seule Personne divine, celle du Verbe, alors la conclusion s'impose : c'est la personne qui est le principe de la pensée, de l'action, et non la « nature ». Il s'ensuit que Dieu vient au monde, naît, mange, boit, parle d'une parole d'homme, lutte, souffre et meurt en homme. Dieu est donc bien mort en tant que Dieu, et pas seulement – en tant que Jésus-Christ séparé des autres Personnes divines.

Ce que je redoute depuis la fin du concile de Vatican II, c'est le retour déiste au phénomène inverse : Jésus-Christ risque de mourir en Dieu. Sa passion d'humanité commence à être noyée dans l'océan de l'indifférence dominatrice du Dieu tout-puissant. Cette version habituelle s'exprime pleinement dans la farce que je ne me lasse pas de conter : il fut un temps pas très ancien où la messe était célébrée en latin, le dos tourné au peuple, parfois en plein air comme dans les camps scouts. Un jour, après qu'un aumônier eut prononcé les paroles de la consécration du pain, un coup de vent (dont nul ne sait ni d'où il vient ni où il va) emporta l'hostie consacrée. Le prêtre affolé se tourna vers le servant de messe :

« Où est le Bon Dieu?

– Partout! » répondit le servant. Et le prêtre de répliquer :

« Non! pas celui-là, *l'Autre.* »

Ce mot d'alternance ou de hiérarchie des deux dieux me ramène à mes vingt ans. Pendant mon noviciat toulousain une boutade cruelle de mon père maître chargé de la formation des novices m'avait éclairé sur le danger public du Dieu des théologies classiques substantiellement déistes et accidentellement chrétiennes :

« Imaginez que dans la vie éternelle nous apprenions qu'un de nos parents ou amis les plus chers soit damné. Non seulement nous n'en éprouverons aucune peine mais notre joie sera parfaite tant nous serons ajustés à la volonté de Dieu.

– Mais, mon père, c'est monstrueux.

– Il est vrai, me dit-il, que c'est difficile à prêcher.

– Si c'est difficile et même impossible à prêcher, c'est faux. »

Dès mon noviciat, je prenais position contre la théologie qui ne tenait aucun compte du bonheur des hommes et voulait même, avec raffinements de cruauté transcendantale, leur malheur éternel. Je me suis aperçu, depuis mon noviciat, que la source d'inspiration de mon père maître était, hélas! un mot épouvantable de Thomas d'Aquin lui-même dans les Commentaires des *Sentences* IV-I, 2,4,4 : « Pour que la béatitude des saints leur complaise davantage et qu'ils en remercient Dieu plus abondamment, il leur est donné de voir les tourments des impies. » Quelle horreur! Nous donner une joie de petits fous par notre transformation en voyeurs des tortures éternelles de nos frères les damnés! Quand je vous disais qu'ils ont fait de Dieu la Brute transcendantale à laquelle la pire brute d'ici-bas rougirait de ressembler!

Désormais, il n'existe plus pour moi qu'un seul critère : la transmissibilité. L'apôtre Paul le dit dans sa première lettre aux Corinthiens : « Puisque le monde, par le moyen de la sagesse, n'a pas reconnu Dieu dans la sagesse de Dieu, c'est par la folie de la prédication que Dieu a jugé bon de sauver ceux qui croient. » Par conséquent, répondre aux hommes que saisit l'angoisse par un catéchisme, un catalogue des vérités à croire est indigne d'une Église fondée sur les apôtres. Elle ne redécouvre son vrai rôle qu'en ayant le courage d'être tout autre chose qu'« Église enseignante ». Ce qui ne veut pas dire bouder la tâche de la pensée, mais au contraire s'y donner à fond en suscitant la réflexion. Sinon l'aventure des travailleurs de la pensée se réduit à l'enseignement magistral qui tue la vie intellectuelle. La seule existence qui m'apparaisse vivable c'est la transmission, partout et en tout temps, de l'Heureuse Nouvelle au principe d'une lutte réfléchie contre le scandale de l'inhumain. Encore l'apôtre Paul dans la même lettre : « Nous, nous diffusons un Messie en croix, scandale pour les juifs, folie pour les païens. » Je traduirai aujourd'hui : scandale pour les croyants, folie pour les incroyants. L'Église vit-elle en état de folie provoquée par la passion de transmettre la Parole? Non. C'est donc que quelque chose est faussé dans l'organisme ecclésial. Rester indifférents, et à la limite nous réjouir du malheur des hommes qui refusent « Dieu et sa Loi », au prétexte que nous seuls serions ajustés à la volonté divine, telle est la froide, cruelle « vérité objective » qu'il m'est impossible de prêcher sous peine de m'avouer salaud et de faire passer Dieu pour le salaud transcendantal. Cette vérité-là ne peut être que fausse. J'exerce mon métier d'apôtre théologien à la manière du détective qui sent d'où vient le crime contre l'humanité. *Depuis des siècles, une théologie chrétienne barbare a fait de Dieu la source, le principe de l'inhumain.*

A mon sens, Thomas d'Aquin, sans compter un ou deux mots atroces, a commis une erreur majeure. Il donne pour titre au chapitre sur l'action divine : *« De creatione et gubernatione mundi »*. De la création et du gouvernement du monde. Or, on ne gouverne jamais ce que l'on crée. Un créateur ne tient pas sous son autorité sa création. Créer se manifeste incompatible avec tenir à l'œil, sous ses pieds, en son pouvoir. Un véritable créateur suscite et « res-suscite » des créateurs. Il faut ici mesurer les dégâts et la formidable pente à remonter : une théologie chrétienne a fait de Dieu la source de l'inhumain. Parce qu'elle l'a regardé comme le *pouvoir* (substantif) *sur* tout ce qui n'est pas lui. Au lieu de Le voir selon son ampleur d'acte de *pouvoir* (verbe), non *sur,* mais *de* servir l'éveil des possibilités de tous. Ceci au seul commandement qu'ait jamais donné Dieu en son Verbe, sa Parole faite chair, d'être tous l'art unique, le chef-d'œuvre qui consiste à s'aimer, se lier d'amitié les uns aux autres. Une théologie chrétienne a projeté sur Dieu l'inhumanité de l'homme, l'illusion du pouvoir absolu qui fait que je serais d'autant plus libre que je ne devrais rien à personne, que je ne devrais tout qu'à moi. Dieu n'aurait d'amour des autres qu'à partir de son *amour-propre.* Or, il n'est rien de plus sale et de plus sanglant que *l'amour-propre,* si ce n'est la *guerre propre.*

Jésus-Christ m'apprend que le plus élémentaire de Dieu, c'est de n'avoir rien en propre, même pas, et surtout pas son amour puisqu'il est amour de tous jusqu'à donner sa vie. Cet amour prend à contre-pied toute l'histoire des vengeances guerrières qui lavent l'honneur familial, tribal, national dans le sang. A l'inverse, le Christ donne son propre sang pour tuer par le ridicule les guerres d'amour-propre. Il faut donc choisir : *la toute-puissance, l'omnipotence divine, principe du crime contre l'humanité* ou *la surprise mutuelle d'amour partagé, unique source d'humanité.*

S'il faut dire qui m'a le plus aidé dans mon retournement des idées classiques sur Dieu, je nomme sans hésiter Dietrich Bonhoeffer. C'est un pasteur allemand mort pendu par ordre d'Adolf Hitler pour avoir participé au complot des généraux destinés à débarrasser l'Allemagne de son Führer. Dietrich Bonhoeffer a laissé un texte d'une immense portée, élaboré dans sa prison peu de temps avant son exécution. Il intitule ce raccourci théologique « Projet d'études [1] » : « Qu'est-ce que Dieu? Non pas tout d'abord une croyance générale dans la Toute-Puissance de Dieu... qui n'est pas une véritable expérience de Dieu mais un prolongement du monde. *La rencontre avec Jésus-Christ.* La prise de conscience d'avoir affaire ici à un renversement de toute existence humaine par le fait que Jésus " n'existe que pour les autres ". *Cette vie de Jésus entièrement pour les autres,* voilà l'expérience de la transcendance. Ce n'est que de cette liberté vis-à-vis de soi-même, de cette " vie pour les autres " jusqu'à la mort, que naissent la toute-puissance, l'omniscience, l'omniprésence. La foi est la participation à cette existence du Christ (incarnation, croix, résurrection). Nos rapports avec Dieu ne sont pas des rapports " religieux " avec l'Être le plus haut, le plus puissant, le meilleur

1. Dans l'ensemble publié sous le titre *Résistance et soumission (Lettres et notes de captivité),* Éd. Labor et Fides, 1967.

que nous puissions imaginer – là n'est pas la vraie transcendance – mais ils consistent en une nouvelle vie " pour les autres " en la participation à l'existence de Jésus. Ce ne sont pas des tâches infinies et inaccessibles qui sont transcendantes mais le prochain qui est placé sur notre chemin. »

A partir de cette révélation de Dieu dans l'homme entièrement pour les autres, je risque une parole qui me paraît chargée du vrai poids de la transcendance divine : l'« in-existence » de Dieu. Non que Dieu n'existe pas, mais il existe tellement « in », au-dedans des hommes, sans la moindre *extériorité,* sans aucune pression d'autorité du dehors, qu'il donne la sensation affolante d'une absence. Une présence humaine, si discrète soit-elle, a toujours un quelque chose qui s'impose, ne serait-ce que par l'évidence qu'elle est ici ou là maintenant. Dieu est la présence si dénuée de puissance, de pouvoir, qu'elle est la seule dont nous puissions douter.

Jamais, je n'avais réalisé comme aujourd'hui le rôle décisif de Bonhoeffer dans ma vie. Il est au sens le plus rigoureux du terme le maître d'œuvre et l'éveilleur de ma théogenèse en rupture avec les théologies. Un ami vient de me dire : « Quel dommage que Bonhoeffer n'ait pas eu le temps d'expliciter l'approche théologique dont il a laissé seulement l'esquisse! » Mais c'est comme si j'écrivais : il est très regrettable que Jésus n'ait pas pris le temps de rédiger sa théologie! Soudain je suis frappé de la ressemblance incroyable de Dietrich Bonhoeffer avec Jésus, l'homme pour les autres en qui se révèle Dieu; l'ennemi radical de « la Toute-Puissance de Dieu, qui n'est pas véritable expérience de Dieu mais un prolongement du monde ». Si Dietrich Bonhoeffer n'a pas pu expliciter sa théologie, c'est parce qu'à la manière de Jésus il a signé son œuvre inachevée de sa mort, le même meurtre religieux, rituel que celui du Fils de l'Homme. Il est avec lui la victime victorieuse du Dieu Führer, du *Führer-Prinzip,* du principe du chef. Le vieux Dieu préexistant, préhistorique de la horde primitive, l'effroyable caricature du Père fraternel, est mort en Jésus-Christ.

Bonhoeffer affermit ma conviction : c'est au moment où l'homme parvient à sa plénitude et qu'il est tenté d'être comme le Dieu autosuffisant, tout-puissant, que Dieu se révèle à lui dans sa vulnérabilité, dans sa Passion, dans sa faiblesse, dans son In-Existence. Me vient alors à l'esprit la lettre de Paul aux Philippiens : « Lui de condition divine, ne s'est pas attaché au rang qui l'égalait à Dieu, mais ἑαυτον ἐχένωσεν : Il s'est anéanti. » Dieu est celui qui ne s'attache pas à son rang de Dieu mais qui s'anéantit – et pas seulement de manière furtive, accidentelle dans la vie terrestre de son Christ, mais en lui-même. Il se réduit à rien – un pur lien des uns aux autres, pour qu'il n'y ait rien qui ne devienne unique au monde.

Ce n'est donc pas Jésus-Christ qui meurt en Dieu, *c'est Dieu qui est mort en Jésus-Christ.*

5

Mettre à l'envers ce que la théologie met aux pires endroits

Dès le début de ma formation théologique à Saint-Maximin, je me suis mis à l'œuvre, non à l'école. Je restais sur le qui-vive et me gardais de « re-produire » littéralement les cours qui m'étaient administrés. Je me plaisais à transformer en ma substance personnelle ce qu'énonçaient mes pédagogues de théologie, qu'il vaut mieux distinguer des théologiens comme les professeurs de philosophie des philosophes. Une formule de Thomas d'Aquin m'a ouvert le chemin d'une théologie buissonnière : *« Quidquid recipitur ad modum recipientis recipitur. »* Ce qui est reçu est reçu à la manière de qui reçoit. Je traduis librement : ce que tu ne reçois pas dans ton style, tu ne le reçois pas du tout. Cette maxime savoureuse donne le ton de la dissidence qui me porte à récuser le Dieu impassible, jamais atteint par les souffrances des hommes. J'étais décidé à ne pas laisser la tradition aux traditionalistes. Là où les thomistes enseignaient un ordre d'addition de thèses, je discernais une mise en question de tout. L'armature de la *Somme théologique* n'avait rien de celle d'un catéchisme avec ses réponses prématurées qui s'imposent sans que l'on ait le temps d'aller jusqu'au bout d'une seule question. Le sens est donné à la recherche par le mot *quaestio.* Il n'est pas dit en premier lieu *Deus est,* comme la certitude qu'il serait sacrilège de faire suivre d'un point d'interrogation, mais *Utrum Deus sit?* Est-ce que Dieu existe? Puis vient l'état de la question, compris par l'école thomiste dans sa littéralité du XIIIe siècle au lieu d'être repris en problématique moderne. Thomas d'Aquin répondait d'abord à la mise en discussion d'une existence possible de Dieu : *videtur quod non* – il semble que non. Et il énumérait les raisons qui militaient contre le fait que Dieu pût exister. Bien entendu, il faut faire la part du procédé à une époque où la quasi-unanimité des gens admettaient l'existence d'un Principe unique de l'être et de la vie. Mais l'exigence de l'esprit critique appliqué à toutes les disciplines humaines s'est aujourd'hui généralisée. Dès lors, le passage de tous les problèmes au crible de la question soulevée par les hommes de notre temps s'impose comme la règle du labeur théologique. Surtout quand il devient capital de débattre du fondement possible d'une vie commune, d'un pacte social à exprimer en termes non religieux.

Jeune dominicain, je prenais donc des notes personnelles à l'allure où la *Somme théologique* se déversait sur moi en traités successifs. Il fallait aller très vite mais j'étais capable de mettre à l'envers ce que mes pédagogues mettaient aux pires endroits.

Avant même la question sur l'Existence de Dieu,

il en est une autre, primordiale : faut-il une science nouvelle, distincte de celles que nous connaissons? *Videtur quod non.* Il semble que non : l'équipement scientifique est au complet avec les mathématiques, les sciences exactes et des branches du savoir telles que la philosophie. Mais Thomas d'Aquin répond en adoptant le point de vue des hommes de la rue, du bureau, de l'atelier, de l'usine. Tous ces gens ont en commun de n'« avoir pas le temps », lequel leur est mesuré, compté, volé, débité en tranches sectorielles et quotidiennes. Il faut donc répondre aux besoins de tous les débutants non familiarisés avec les jargons des spécialistes. Une science nouvelle est indispensable à un titre inédit : une connaissance ordonnée au salut dont un nom moderne sera la libération. De la même façon que, dans le *Credo,* Dieu devient homme *« propter nos homines et propter nostram salutem »,* pour nous les hommes et pour notre salut, la théologie la plus classique a pour but, pour condition de son épanouissement, le salut total de l'homme. Il n'est de théologie que de la libération et les esprits méfiants à l'égard de ce dernier mot prouvent qu'ils ignorent la lettre même de saint Thomas d'Aquin.

Quels sont les arguments que l'on peut découvrir dans la *Somme* de saint Thomas en faveur du caractère scientifique de la théologie? Celle-ci participe à la connaissance de Dieu, car c'est du même mouvement que Dieu se connaît et connaît la création. Il n'est rien du créateur qui ne soit impliqué dans son œuvre pas plus qu'il n'existe un seul aspect de la création qui ne concerne son auteur. Par conséquent, il faut n'avoir aucun sens théologique pour situer Dieu et l'homme dans un rapport de seigneur à sujets, de Créateur à créatures.

Si la théologie du « docteur commun de l'Église » est participation humaine au regard de Dieu, elle unit voir et faire, rêve et transformation effective. Nous allons beaucoup plus loin qu'un déploiement des ressources de notre rationalité dans la dynamique de la foi; il s'agit d'un essor de la communauté humaine en travail de fraternisation. Voilà en quoi consiste le champ de la recherche théologique. Thomas d'Aquin donne à cette démarche nouvelle de réflexion fondamentale le nom de science spéculativo-pratique. Il désigne là des pratiques pensées de refondation du monde. A ce premier stade de ma formation, je liais la théologie de saint Thomas au courant moderne qui s'oriente vers l'unité dialectique de la théorie et de la pratique. La praxis. Ma résolution est prise : je trahirai toujours en surface pour être fidèle dans les profondeurs!

Nous passons ainsi du discours sur Dieu à la science des grands « pourquoi ». Pourquoi le mal, pourquoi la guerre, pourquoi la famine? Du monde incohérent et sans projet à la mise en question de tout. A l'homme qui me disait que certaines valeurs demeuraient au-dessus de toute discussion, j'ai répondu : « Il n'y a qu'une chose que je ne mets pas en question, c'est l'exigence même de la mise en question » – cette exigence que, pour faire bref, j'appelle Dieu.

Dans la *Somme théologique* étudiée selon un ordre de succession, une fois la question première expliquée, il est d'usage d'en venir à la seconde puis à la troisième. Pour ma part, l'approfondissement des grandes questions ne me fait jamais sortir de la première qui renouvelle, face au scandale de l'inhumain, la problématique d'une participation unanime au regard créateur.

On raconte de l'enfant Thomas d'Aquin qu'il hurlait quand des adultes voulaient lui prendre ce qu'il tenait dans son poing – un papier sur lequel était écrit : « Qu'est-ce que Dieu? » L'interrogation enfantine subsistera toujours au plus profond de ses réponses. Je la trouve aussi dans son commentaire du livre de Job où il se demande si Job a le droit de discuter avec Dieu. *Videtur quod non.* Il semble que non, car il ne sied pas à une créature de débattre avec son créateur. Mais la grande réponse est celle d'une légitimité, d'une nécessité du dialogue. C'est que Job dit *la vérité de sa condition.* Et tout homme qui expose la vérité de ce qu'il est – quelle que soit la qualité de son interlocuteur –, fût-il Dieu lui-même, *non potest vinci,* il ne peut être vaincu. La vérité de la situation est invincible. *C'est dans ma fidélité créatrice à Thomas d'Aquin dont je porte le nom en religion que j'ai puisé la force de rompre avec les théologies pour entrer en théogenèse.*

J'entrevoyais à peine alors ce qui allait devenir dans mes discours ultérieurs l'une de mes formules clés : le marxisme est à Marx ce que le thomisme est à Thomas d'Aquin et surtout ce que le christianisme est à Jésus-Christ.

En même temps que je travaillais théologiquement Dieu comme question, toujours selon le mouvement traditionnel, Il se présentait à moi sous le jour de la relation subsistante, en personne à l'état pur. Au moment où Thomas d'Aquin aborde le Dieu Un et Trois, pour en rendre raison, il emprunte à la philosophie d'Aristote la plus fragile, la plus ténue des catégories de l'être : la relation. Ce qui me permet d'écrire que Dieu est en lui-même un pur lien, un liant. C'est peu de dire qu'il est amour. Tout son Être s'identifie avec sa vie en réciprocité de personnes. Ce qui se greffe sur des personnes humaines déjà formées comme telles, la relation, est constitutif des personnalités de Dieu.

J'avais suggéré, au scandale de l'un de mes formateurs, que Dieu était une « famille », au sens où il n'existe pas une seule famille qui ne soit née de deux familles – donc principe de réciprocité. C'est bien ce type d'image qui rapproche de la vérité, aux antipodes du Dieu isolé dans sa transcendance. On reconnaît l'humanité d'un homme à ce qu'il est un liant, un trait d'union, c'est-à-dire l'image du Dieu relation subsistante, que cet être humain en ait conscience ou non. Je suis là au cœur de ma théogenèse. Partout où le monde met de l'ordre, Dieu met de la relation. Car, contrairement à toutes les idées reçues, ce n'est pas l'être qui est antérieur à la relation et la surplombe d'altitude divine, mais c'est la relation de réciprocité qui est créatrice de toute l'ampleur d'être.

Dans les vies qui ne se veulent qu'à deux, dans une exclusivité duelle de l'amour, surgit le tiers : la multitude des autres. Telle est la contestation de l'égoïsme sacré qui menace tous les duos et tous les dualismes comme l'idée meurtrière de se croire et se vouloir seul l'absolu. En Dieu n'est pas seulement l'autre mais la relation à l'autre. Je me souviens d'une conversation avec le cardinal Marty qui était curieux de la manière dont je présentais la Trinité, pastoralement parlant. Je lui dis que je ne la nommais jamais. L'appel à l'expérience humaine la plus courante me semblait préférable. Si nous aimons quelqu'un au point qu'il nous devienne unique au monde, nous ne le gardons pas pour nous, nous le mettons au monde. J'entre ainsi dans l'intelligence contemporaine de la Parole : Il a tant aimé le monde qu'il a « mis au monde » son fils unique. Par-delà même sa formulation dogmatique, le fait que Dieu soit révélé Père, Fils, Esprit signifie la nécessité d'un univers de relations interpersonnelles, intersubjectives où l'avec, le lien d'égal à égal, supplante l'ordre des supérieurs et des inférieurs. Irréductible au sens masculin que l'on voudrait lui donner, le Père principe n'a ni supériorité ni même antériorité par rapport au filial avec lequel il est lié dans leur souffle commun. C'est l'ultime prière du Christ à son Père avant son exécution, comme Blasphème incarné du Dieu autocrate : « Que tous soient Un... (tous les hommes, tous les peuples, tous les vivants, tous les êtres) comme Toi, Père, tu es en moi et que je suis en toi, qu'ils soient en nous eux aussi afin que le monde croie que tu m'as envoyé [1] », qu'ils soient liés entre eux comme je te suis lié, moi, ton Verbe, ta Parole de partisan des hommes que l'on tient pour rien.

De cette prière, un prêtre inconnu m'a donné le sens fort. Il était allé voir son évêque pour lui dire :

« Monseigneur, vous n'êtes pas un père!

– Pas un père, moi, et pourquoi?

– Parce que le Père engendre le Verbe. »

Parole irréfutablement trinitaire dans l'Esprit et, de surcroît irréprochablement orthodoxe. Il n'est de vrai père que celui qui conçoit, enfante et met au monde la parole, et pas la parole diction mais la parole en personne incarnée. C'est pourquoi il y a si peu de vrais pères. On reconnaît la vraie paternité à ce qu'elle se fait ou mieux se reconnaît l'égale du filial (pour ne pas le dire seulement au masculin). L'un de ceux auxquels j'ai pu dire : « mon père » sans être diminué, parce que j'en étais au contraire valorisé, c'est Marie-Dominique Chenu, qui justement n'a jamais été mon enseignant et qui vous faisait sentir qu'avec lui on ne pouvait qu'être sur un pied d'égalité.

Ainsi, fort de mon appétit de vivre filial, je n'en finis pas d'adhérer à Celui qui est pure relation,

1. Jean, XVII.

Principe d'universelle mise en question. Je le crois et je l'espère dans le mouvement même qui fait que je le prie, le diffuse et l'élabore en théogenèse. Ce n'est pas par accident de style qu'il me vient à l'esprit que je le « diffuse », car selon l'admirable formule – encore de saint Thomas – *« Bonum diffusivum sui » :* le Bien, qui est identiquement le beau, l'attrayant, le plein de charme et le vrai, est diffusif de soi. Autrement dit, Il est le contraire, l'opposé de l'*« Ens causa sui »* (cause de lui-même, rien que par lui, tout pour lui) dont parle Sartre, et que les hommes avec les religions – mais non la Bible et l'Évangile – appellent Dieu. Selon la Tradition, je suis l'ennemi de la transcendance dominatrice, de la transcendance d'extériorité – et ceci comme partisan de la seule transcendance vraie du Transgresseur de toutes les frontières, entre les nationaux et les étrangers, entre un siècle et tous les autres, entre la mort, toutes les morts, et la vie, et même et surtout *entre le créé et l'incréé.* Le torrent du Bien qui se diffuse, au mépris de l'obstacle des distances, balaie tous les degrés, toutes les hiérarchies d'être sur son passage. Il est lui-même l'Ampleur de l'être en relation aussi éloigné de l'*univocité* (un seul maître de tout, chiche distributeur de sa grâce) que de *l'équivocité* (tout n'étant qu'« équivoque », poussière d'éphémères sans autre lien que de la voix pour le dire) et tout ceci parce qu'il est *analogue.* Que signifie ce mot? Que la foule des êtres en devenir – avec l'homme, non pas au sommet mais au plus profond – est constituée d'êtres semblables en cela même qui les fait différents, et constituée d'êtres différents en cela même qui les fait semblables. Chacun irréductible et semblable au peuple de tous les autres imaginés par l'Unique. L'Unique dont les personnes sont distinctes en cela même qui les constitue ressemblantes, ressemblantes en cela même qui les constitue distinctes.

C'est ainsi que tout ce qui vit, existe, porte l'empreinte de sa commune destination à l'Unique en trois, des trois qui n'en sont qu'un – en raison de l'irruption du tiers, force contestataire du simple duo.

Celui que je n'en finis pas d'explorer, prier, diffuser, prêcher, et dont je suis contemplatif, c'est le même auquel il convient de prendre chair, de prendre corps, de s'incarner. L'une des trouvailles de saint Thomas d'Aquin, pour donner plus de poids à la force démonstrative de sa nouvelle science théorico-pratique, c'est la raison de convenance : ce qui répond, correspond le mieux à la logique interne d'un être. Pour l'homme, dit-il, son caractère spécifique peut se traduire par *ratiocinari :* il ne s'agit pas de la « ratiocination » mais de la recherche de plus que sa raison de vivre, sa raison d'être. Pour Dieu, il n'est pas du tout question d'*aseitas* – d'autosuffisance – encore moins du « premier moteur » que rien ne meut ni n'émeut – mais d'une pente, d'une inclination à se communiquer, à se diffuser, parce que la liberté d'un créateur n'est pas la liberté libérale de faire ce qui lui plaît. C'est la liberté de ne jamais se dérober à la nécessité interne d'un don total de réciprocité en lui-même et à son œuvre. Je remarque ici que moi, homme, dans le mal, c'est-à-dire dans l'inhumain, je ne suis pas plus libre mais je suis plus seul, des complices, non avec des amis. Donc, si l'essence même de Dieu, c'est le Bien diffusif de soi, il lui convient de s'unir *summo modo,* au maximum de ses potentialités qui sont l'Acte pur, vierge de toute-puissance, au double sens potentiel et omnipotent, à la création dont la plénitude imaginée par lui est l'homme. Quel verbe emploie saint Thomas d'Aquin pour traduire l'acte d'union indissoluble de Dieu et de l'humanité? *« Se conjunxit. »* Il s'est uni *avec.* Il a fait corps avec. Il n'existe en *Dieu que de l'avec,* jamais un droit à la possession de l'autre, à la domination, à l'emprise, au pouvoir *sur* lui. Dieu est vierge de tout mouvement captatif. Il n'a pas la moindre fonction d'autorité.

Nous sommes ici à la racine du conflit de Jésus non seulement avec les pharisiens mais surtout avec les scribes et les princes des prêtres. C'est l'opposition inévitable du possédant, du détenteur de l'autorité, et de celui qui *fait autorité.* L'issue en a toujours été la passion et la mort ressuscitante du pauvre de toute autocratie. Décidément, il n'y a qu'un Démon, l'autocrate dont le déguisement le plus assuré au bal masqué de la compétition est bien le port seigneurial du masque de Dieu.

6

Le démon du pouvoir et de la jalousie

La vérité opératoire de Jésus consiste à, d'un seul coup, arracher son masque divin au démon du pouvoir. La coalition des scribes et des princes des prêtres use toujours du même argument. Ils lancent leur accusation traditionaliste : « Cet homme-là ne chasse les démons que par le chef de tous les démons. » La réponse est cinglante : « Tout royaume divisé contre lui-même court à la ruine : aucune ville, aucune famille divisée contre elle-même ne se maintiendra. Si donc Satan expulse Satan, il est divisé contre lui-même : comment alors son royaume se maintiendra-t-il? Et si c'est par le Diable que moi je chasse les démons, vos disciples, par qui les chassent-ils? Ils seront donc eux-mêmes vos juges. Mais si c'est par le Souffle de Dieu que je chasse les démons, alors le règne de Dieu vient de vous atteindre. »

Le pouvoir impérial ne se divise pas. Il a sa logique. Mais le pouvoir du partisan est, lui aussi, Un et Indivisible. Il ne dévie pas de sa logique interne. Tout le récit évangélique en quatre versions se déroule à la manière haletante d'un western. Pas de quartier. Qui va faire mordre la poussière à l'autre? La Sainte Alliance de ceux qui détiennent l'autorité ou celui qui fait autorité par ses actes et sa parole? Les répliques de l'Évangile de Jean claquent comme autant de coups de feu. « Nous n'avons qu'un seul Père, Dieu! – Non, votre Père, c'est le Diable! Dès le commencement, il s'est attaché à tuer l'homme. » C'est le tombeau, le Tueur de l'homme, celui qui introduit le poison de l'inhumain dans l'humanité de l'homme. Il faut le Fils de l'homme pour dévoiler la ruse du serpent jaloux qui s'enroule autour de la relation primordiale, dont il veut faire croire à l'homme qu'elle n'est que vulgaire pouvoir d'un Dieu d'en haut. Le démon de la jalousie accompagne toujours le démon du pouvoir. On trouve dans l'Évangile cette finesse de perception prêtée au gouverneur colonial Ponce Pilate : « Il se rendait bien compte que c'était par jalousie que les grands prêtres l'avaient livré [1] ». C'est la plus féroce des passions, d'autant plus inavouable qu'elle est obligée pour donner le change de se draper d'une pauvre casuistique empruntée à l'arsenal rationnel. De cette jalousie, j'ai vu les effets physiques : le teint du jaloux vire au jaune citron, son visage se rétrécit à vue d'œil comme une peau de chagrin. Il en est d'une passion aussi dévastatrice comme de tous les états d'esprit figés qui produisent les métamorphoses corporelles les plus bouffonnes.

1. Marc.

L'histoire de l'Église comme l'histoire du monde n'est pas autre chose que la lutte des propriétaires du pouvoir contre le vrai pouvoir incarné, celui de la passion des hommes, celui qui libère du seul vrai démon : l'esprit pur de toute contamination charnelle, Lucifer. Le Démon du pouvoir, le jaloux à l'état pur qui ne peut pardonner à Dieu d'avoir pris chair, de s'être fait homme au lieu de s'angéliser, enlaidit l'ange de lumière et le fait diable. Nous retrouvons là le conflit sans fin que Pascal offre à notre réflexion, entre les grandeurs de nature et les grandeurs d'établissement. D'un côté se manifeste l'autorité naturelle du Fils de l'Homme qui coule de source, comme cette force, cette vertu qu'il sent sortir de lui. Il rayonne une autorité qui augmente, amplifie tous ceux qu'elle touche. Il dilate l'humanité des autres. Il valorise par sa respiration. De l'autre côté, les autorités constituées qui infériorisent par leur établissement même. Elles ne peuvent se maintenir qu'au moyen d'une pression sur des sujets qui doivent sentir tout le poids de leur autorité. Sinon, elles ont la sensation physique de ne pas exister. Autrui sous sa férule rassure le pouvoir qui diminue, aplatit les hommes par instinct de conservation. C'est grâce à une méprise sur le sens des mots que la « Toute-Puissance » dit exercer l'autorité. Elle n'a que le pouvoir qui, en fin de compte, ne repose sur rien. Je songe à Hitler, à l'irrésistible fascination de ce regard dont tout le monde parlait. Or, ce qu'il manifestait d'envoûtant tenait à son vide.

Brusquement, je me heurte à la plus infernale

des lois de l'histoire que l'on veut objective : l'inévitable férocité des classes d'hommes satisfaits de leur sort médiocre, de leurs petits intérêts d'où dérivent leurs opinions moyennes. Ils sont ainsi à l'abri de la misère et des misérables. Ils préfèrent, sans hésiter, la sécurité, le confort que donne le pouvoir exercé sur les gens soumis au régime de la médiocratie, et se dérobent à l'utopie d'une autorité valorisante de tous. Il est clair alors que ce sont eux qui tuent l'homme coupable de faire autorité. Une fois de plus, c'est Bernanos qui résume ce que j'essaie de donner à entendre : « Les plus grandes canailleries de l'histoire n'ont pas été commises par les plus grandes canailles de l'histoire mais par les lâches et les impuissants. »

C'est la moyenne humaine, la somme de toutes les dérobades à l'incarnation de l'utopie fraternelle, qui sécrète l'utopie de l'horreur. Le monstre du pouvoir, la Bête qui fait l'ange, tire sa force de frappe de la conjuration de nos petits refus d'humanité. Tel est le ressort de la *Psychologie de masse du fascisme* définitivement analysée par Wilhelm Reich. Les majorités silencieuses prosternées, adoratrices du faux Dieu, font l'Unique vociférant, dressé sur toutes les absurdes tribunes de la haine. Albert Speer, architecte du Reich millénaire promis par Hitler dans *Mein Kampf,* m'a confié au cours d'une entrevue que nous avait ménagée le pasteur Georges Casalis, résistant, aumônier de Spandau : « Ce n'est pas Hitler qui nous a faits, c'est nous qui avons fait Hitler. »

7

Le tribun Jésus

Au cœur de la *Somme théologique,* je reprends ce que Thomas d'Aquin développe dans la troisième partie : « Du Verbe incarné ». Nous y avons lu la raison de convenance de l'incarnation du Verbe. La cause du mouvement qui incline Dieu à se faire homme dans la personne de sa Parole? C'est le don total de lui-même au maximum *(summo modo)* de ses possibilités. Dieu n'a rien et n'est rien qu'il ne donne en réciprocité donatrice. Il est le don qui suscite et ressuscite le don.

Le poète autrichien Rainer Maria Rilke l'exprime sous la forme de la nécessité vitale à tout créateur : « Si tu peux vivre sans écrire, tu n'es pas poète. » A quoi j'ajoute, en résonance : si tu peux vivre sans transmettre, tu n'es pas apôtre, tu n'es pas toi. Dieu se donne sans réserve et délivre les hommes de toute obligation de réserve.

Les pères du Concile de Vatican II l'ont écrit en termes si forts que la peur a gagné la caste des propriétaires de l'autorité : « Il a plu à Dieu dans sa sagesse et sa bonté de se révéler *en personne* et de faire connaître les mystères de sa volonté [1] grâce auxquels les hommes par le Christ, le Verbe fait chair, accèdent dans l'Esprit-Saint auprès du Père et vivent en participant de la nature divine. Dans cette révélation, le Dieu invisible s'adresse aux hommes ainsi qu'à ses amis, il s'entretient avec eux pour les inviter et les admettre à partager sa propre vie [2]. »

Comme on le voit, à ses dernières grandes assises universelles, l'Église catholique proclame qu'à la différence des chefs d'État, Dieu n'a aucun domaine réservé. Il n'est rien des affaires publiques du monde qui puisse être regardé comme un secret des dieux et, à plus forte raison, comme le secret de Dieu. Pour la première fois de son histoire, l'Église catholique du Christ s'est dotée d'une Constitution, en tant que Peuple de Dieu, telle qu'elle venait de se définir. Elle rejoignait d'un seul élan la source de sa première jeunesse, et renouait, par-delà même le concile de Nicée, avec celui de Jérusalem au cours duquel il n'y eut pas la moindre prééminence d'un quelconque souverain pontife. Aux temps apostoliques, il ne serait venu à l'idée de personne d'attribuer à l'homme désigné par Jésus pour diriger vers le grand large des peuples la barque de son Église, un titre aussi païen, mondain, impérial et romain que celui de souverain pontife. Il se passa même à Jérusalem un événement imprévisible, bien

1. Éphésiens, I, 9.
2. Constitution dogmatique, *Dei Verbum.*

dans l'éclat des langues de feu de la Pentecôte et du Buisson ardent : non seulement il n'y eut aucune loi imposée par un chef, mais *Paul tint tête à Pierre* – parce que celui-ci voulait obliger les hommes venus au Christ, du fin fond des nations, à se faire circoncire comme bons juifs, préalable religieux obligé du bon chrétien.

Aujourd'hui, après Vatican II, il y va beaucoup plus que d'un retour à la circoncision. Au seuil du troisième millénaire, la Sainte Église du Christ l'Insoumis est menacée d'une soumission des esprits et des comportements à l'ordre impérial romain, que ne dissimule même plus une monarchie pontificale absolue de Droit divin. Il importe que le corps épiscopal tout entier se dresse comme un seul homme et qu'en adversaire de ce monde du marché, en solidarité avec les masses des victimes du crime contre l'humanité, *il tienne tête à Pierre* : Non, Serviteur des serviteurs de Dieu, notre frère, nous ne sommes pas les préfets de Rome, mais les successeurs des apôtres en collégialité avec vous! « Le pape n'est pas au-dessus de l'Église, il est dans l'Église », ainsi que le rappelait le père Congar dans *Vraie et fausse Réforme de l'Église.* D'ailleurs l'Église n'a qu'une tête, le Christ, exposée en cible de la Sainte Alliance des pouvoirs – et le propre de cette tête, c'est qu'elle se met aux pieds des foules d'hommes tenus pour rien.

La sympathie que m'inspire André Frossard, surtout dans son admirable témoignage au procès Barbie, ne m'empêche pas de m'inscrire en faux contre ce qu'il a écrit au sujet du pape Jean-Paul II : « Ce ne serait pas un pape traditionaliste comme on ne manquerait pas de le suggérer plus tard, ni même un pape traditionnel mais un pape d'avant la Tradition, dans la lignée des premiers apôtres [1]. » Quand il m'est arrivé de tenir tête à André Frossard, chez lui, je n'ai pas manqué de lui citer son texte et il m'a même déclaré que le pape avait supprimé certains passages, dont je suppose qu'un bon nombre devaient sombrer dans la Wojtylâtrie. Mais il a laissé passer tout de même celui-là, énorme! Un pape d'*avant* toute la Tradition – donc par-dessus Jean XXIII et tant d'autres, tous ceux qui ont cherché à faire prévaloir *la* Tradition chrétienne sur *les* misérables traditions romaines! La véritable ambition d'une venue aux origines, je la vois et l'entends dans ce mot du bon pape Jean : « Je veux m'attacher à enlever la poussière qui s'est accumulée sur le siège de Pierre, depuis Constantin. »

Je ne conteste pas du tout la conversion d'André Frossard, et ne méconnais nullement sa ferveur. Je regrette seulement qu'il ait rencontré Dieu comme on rencontre sur la route un platane. Toute mon expérience d'apôtre et mon goût de la prière s'accordent pour manifester qu'il n'est possible de le rencontrer qu'en tant que *relation*. Relation cordiale, au sens propre, structurée en Trois Person-

1. André Frossard, dialogue avec Jean-Paul II : *N'ayez pas peur,* Laffont, 1982, p. 8.

nalités. Je suis convaincu que tous les hommes sont appelés à réaliser chaleureusement ce qui a lieu en Dieu : l'unité du Principe et de sa Parole dans leur Souffle commun. Je veux libérer les implications mystiques, sociales, politiques du mystère de la communauté des Personnes divines, car je ne connais pas stimulant plus fort de l'aspiration à l'égalité de tous les hommes et de toutes les femmes que l'indicible Trio de Dieu.

On a méconnu la belle définition que donnait de la théologie Karl Barth, l'un des plus grands penseurs chrétiens, animateur de l'Église confessante allemande en plein régime hitlérien : « La théologie, c'est l'effort de l'Église pour rendre raison de sa prédication. » Il n'échappe à l'esprit d'aucun fidèle, pour peu qu'il réfléchisse sa foi, que, globalement, le lien est rompu entre recherche théologique et proclamation de la Parole, entre prêcheurs et docteurs, tant à l'intérieur qu'à l'extérieur de l'Église – exception faite pour le lieu, suspect à Rome, de la théologie de la libération et des communautés de base. La prédication ne donne pas plus à penser que la théologie ne voit sa source principale dans la prédication et, plus largement, dans la transmission de la parole publique. Cela m'apparaît d'autant plus grave que je crois Jésus le Galiléen non pas d'abord prêcheur, prédicateur, mais tribun. Son auditoire, son public, il l'a dans la peau. Il suffit de lire ses discours, même réduits à l'état de textes, pour s'en convaincre. C'est ainsi que je me les remémore, les entends et les parle, sur les montagnes de Galilée, au sommet de celle dite des « Béatitudes », lors de mon dernier séjour en Israël, dans ce pays où l'impossible Palestine va sans doute, enfin, bientôt renaître. J'entends la voix du tribun Jésus qui appelle à l'urgence de la Résurrection des morts en pleine vie : « Vous tous qui m'écoutez, aimez vos ennemis. » Du premier coup, de l'éloquence qui se reconnaît à ce qu'elle tord le cou à l'éloquence, le ton est donné et il se maintiendra jusqu'au bout et plus loin encore : liez-vous d'amitié avec vos ennemis. Masses humaines, je vous crois capables de l'impossible. Jésus n'a rien du pédagogue. Il n'attend pas que les conditions objectives, énoncées par les sociologues, économistes et juristes aient été réunies. Il brûle les étapes. Masses humaines, méprisées par ceux qui ont l'autorité, j'ai foi en votre pouvoir de ne pas vous enliser dans la comptabilité de vos petits intérêts ou dans les folies meurtrières des purifications ethniques. Masses humaines, je me fie à l'ampleur infinie de votre imagination qui voit déjà dans l'ennemi d'aujourd'hui l'inséparable ami de demain.

Voilà ce qui fait du tribun Jésus l'irrécupérable, à la fois par l'Église dans ses alliances mondaines et par les révolutions arrêtées à mi-côte! Car ni l'une ni les autres ne seront jamais capables de dire le frémissement qui parcourait l'échine marquée au fer rouge des misérables galériens quand ils se chuchotaient : « L'Éveilleur de la vie, c'est l'un des nôtres. »

La marque du tribun Jésus, c'est qu'il a tout fait

pour mal finir; et, du même élan, pour la première fois dans l'histoire, tout commence. Parce qu'il n'a pas fait des miracles, preuves de la puissance divine du surhomme, demi-dieu ou Dieu complet, mais des gestes simples qu'un monde bien réglé ne peut admettre : ouvrir sur les causes et les effets d'une situation inévitable, fatale, des yeux jusque-là fermés auxquels il était commandé de rester baissés, de ne jamais chercher à voir; ouvrir les oreilles des exclus du concert mondial qui finissaient par se convaincre de leur définitive surdité. Ceux-là ne pouvaient écouter qu'une cloche, et par conséquent, qu'un son : tu n'y entends rien, tu n'y entendras jamais rien, tu es ainsi, toujours tu le resteras. Et soudain des foules que l'on dit frappées d'une surdité perpétuelle découvrent qu'elles s'y entendent aux affaires publiques jusque-là réservées à une élite de spécialistes du savoir et du pouvoir. Le Dieu du domaine réservé des élites est mort dans le tribun Jésus.

Selon la formule classique, le commun des hommes faussement appelés commun des mortels n'a pas voix au chapitre; le don de la parole, ce n'est pas donné à tout le monde. Eh bien si, justement! c'est donné gratuitement, et pas du tout mis à la portée mais à la hauteur de tout le monde. Un tribun galiléen révèle cette vérité banale que personne n'osait dire par peur de l'opinion des gens sérieux : tout le monde est capable de parler, et même en public. Pourquoi donc appeler miracles les guérisons d'aveugles, de sourds et de muets?

Rien de sorcier là-dedans. C'est la logique de l'amou du tribun Jésus, mais pas le moins du monde celle de l'amour fourre-tout et décrété Dieu à la va-vite. De l'amour en acte d'estime et d'admiration, donc libérateur. Oscar Wilde, dans son *De profundis,* écrit que, si les artistes regardent l'expression comme « le seul aspect sous lequel ils peuvent concevoir la vie », le tribun Jésus « est le poète de l'inarticulé. Il choisit pour ses frères ceux qui sont muets sous l'oppression et dont le silence n'est entendu que de Dieu. Il voulut devenir les yeux des aveugles, les oreilles des sourds et un cri sur les lèvres de ceux dont la langue est liée ». Le tribun Jésus commet le crime d'être un pur élan vers les autres à faire sortir des circuits habituels de la vie à la mort. Point final. Rien ne le freine, rien ne le borne, ni Loi, ni institution, ni sacerdoce, ni pastorat, ni Empire, ni Église restauratrice. Le tribun Jésus est l'élan même, sans retenue aucune, d'universelle sympathie admirative. A déplacer les montagnes et les frontières, à déraciner les préjugés.

J'entre en rébellion fidèle avec le Verbe en verve qu'est le tribun Jésus, que m'actualise le « Discours sur la montagne » : si ton œil te scandalise parce qu'il te donne la vue basse d'un regard raciste et propriétaire, et qu'il t'empêche de voir l'horizon d'une fraternité universelle, crève-le! Car mieux vaut pour toi ne voir que d'un œil le sens cristallin du monde, qu'aller avec tes deux yeux normaux là où il n'y a vision de rien. Voilà comment devait parler le tribun Jésus en araméen, sa langue maternelle, d'où bondissaient les exagérations toutes proches du réel : le conservateur de sa vie crève; le perdant volontaire de sa vie la gagne à jamais.

C'est à l'école du tribun Jésus que j'entre en sympathie avec tout le monde. Parce que la sympathie délivre l'amour fou de ce qu'il aurait d'exclusif et de totalitaire. La « sym-pathie », le « sentir avec », vibre dans chacun des paradoxes de la Liturgie, l'« acte du peuple » du Discours sur la montagne. C'est la force de sympathie conviviale qui révèle en tribun le Verbe du Père que la Loi réduit souvent à des préceptes sans âme et sans corps : « N'allez pas croire que je suis venu abolir la Loi et les prophètes : je ne suis pas venu abolir mais accomplir. » Le tribun Jésus ne détruit rien. Il conduit jusqu'à leurs racines les plus généreuses outrances des hommes. Je m'assimile et je m'incorpore tous ses accents auxquels font écho parmi les siècles deux maîtres mots d'un printemps fameux : « Soyez réalistes, demandez l'impossible » et « L'imagination au pouvoir ». Ne vous contentez pas de le demander, faites-le, l'impossible! Soyez l'impossible que je suis. Mettez l'imagination au pouvoir, non au pouvoir tel qu'il est constitué, instrument de domination des uns sur les autres, mais au pouvoir dont vous serez capables de changer la nature. La jeunesse novatrice du tribun Jésus éclate lorsqu'il renverse la Loi du talion et la métamorphose en son contraire : le don de soi, lui-même en réciprocité avec celui de tous les autres, et sans contrepartie préalable. « Je vous le dis, aimez vos ennemis! Faites le bien à ceux qui vous haïssent; faites le bien à ceux qui vous font le mal! » Je parlerai avec le Souffle d'autorité de l'homme de Parole auquel je crois, parce qu'il fait de tout homme le père et l'auteur de sa propre liberté fraternelle. C'est la parole que j'ai prise – ou plutôt je me suis fait prendre par elle – un dimanche ordinaire, selon une expression abominable. Comme si tous les dimanches et même tous les jours pouvaient être ordinaires à la lumière du feu de Pentecôte. Ce dimanche-là, mon titre était : « Place au tribun Jésus ». Il n'est d'ailleurs là que pour faire place à tous les hommes tribuns les uns des autres. Au fur et à mesure que je la proclamais, j'entendais la Parole pour la première fois, et je n'en pouvais plus de ne la faire retentir qu'à l'intérieur d'une église alors qu'elle est destinée à toutes les tribunes publiques du monde.

C'est aux foules que le tribun Jésus demande d'aimer de toutes les haines retournées en autant d'amour mutuel : « Si vous aimez ceux qui vous aiment, à quelle reconnaissance pouvez-vous prétendre? Tout le monde en fait autant. » Si vous n'aimez que les venus de votre sperme et les tombés de votre ventre, ça ne vous mènera pas très loin. Le tribun Jésus proclame la Bonne Nouvelle d'un amour fou qui déborde les attachements familiaux, ethniques, nationaux, et même les amitiés sélectives. Mais surtout, le tribun Jésus apprend aux hommes l'art le plus simple et le plus difficile : parler à la première personne du singulier de l'indicatif présent en rupture avec toutes les traditions : « Les anciens vous ont dit, moi, je vous dis. » Par là Jésus se révèle à la fois tribun et psychothérapeute de génie. Il chasse le démon de l'anonymat, de la tendance à s'abriter derrière les autorités, la manie des citations. Il va à contre-courant de la formule ordinaire, c'est-à-dire démoniaque : « ce n'est pas moi qui le dis », c'est le pape ou bien tel auteur, l'une ou l'autre des personnalités connues, toutes les célébrités... tout... sauf moi.

Le tribun Jésus suscite chez les humiliés la fierté de leur envergure infinie et fait douter de leur savoir la poignée des gens qui savent. C'est pourquoi il est d'une actualité prodigieuse au moment où tous les systèmes de connaissance et de gouvernement des hommes, fondés sur la rareté du génie et la prolifération des médiocres, démontrent leur vide. Ils reçoivent le plus cinglant de tous les démentis, non pas de l'idéal, des valeurs morales, mais de la réalité. Quand les Polonais en sont réduits à choisir, contre le chômage et la privatisation effrénée, les maisons de repos et la sécurité de l'emploi assurées par le communisme maudit, la preuve est faite que l'hypothèse prise pour un constat, de l'homme d'abord concurrentiel, borné à son intérêt immédiat, ne repose sur rien et débouche sur le vide. Et, du vide constaté, on ne peut sortir que par la création, le déploiement de la virtuosité créatrice de tous. Quand une hypothèse est démentie par les faits, la rigueur scientifique et l'honnêteté intellectuelle exigent qu'elle soit renvoyée à son néant. Pour une fois, le réel donne tort au réalisme. Pour une fois, le réel donne raison à l'impossible contre la politique définie sottement comme l'art du possible!

A l'heure où la politique, art du possible, conduit à des situations impossibles, c'est le simple bon sens qui demande d'innover l'impossible pour que la situation des hommes devienne enfin possible. Or, cet impossible auquel nous sommes acculés a pris chair en quelqu'un pour s'incarner en tous : c'est la parole opératoire, donc la pratique de l'amour des ennemis regardés comme capables du même amour que ceux qui les aiment, pour former ensemble l'horizon des relations de don mutuel, de chaleureuse réciprocité. Cette parole opératoire, qui fait ce qu'elle dit, fonde l'université de plein vent du tribun Jésus quand il rassemble l'humanité dans son Discours sur la montagne. Contrairement à une thèse moderne, il ne livre pas là une éthique de conviction destinée aux belles âmes, pendant que les affairistes et autres réalistes pourraient se construire en toute tranquillité leur éthique de responsabilité. Là encore, le réel annule la fausse hypothèse d'un partage de l'humanité en hommes d'autant plus convaincus qu'ils seraient irresponsables, ou d'autant plus responsables qu'ils seraient sans conviction. Le Dieu de l'éthique angélique des convaincus naïfs sans prise sur le réel et des salauds responsables sans conviction, ce Dieu-là est mort dans le tribun Jésus.

L'homme du Discours sur la montagne m'apprend la démesure et l'outrance comme mesures du réel. Vous tous qui m'écoutez, aimez vos ennemis, d'un amour inventif, créateur. Imaginez-les au lieu de les constater d'un constat d'habitudes mortes. Quand ils vous frappent sur une joue, ne copiez pas leur geste dans l'immédiat sans imagination de la réplique au coup par coup. Loin d'offrir passivement, paresseusement et sacrificiellement l'autre joue, tendez-la de toute votre agressivité, faites front!

Quel souffle et quelle violence dans cette non-violence radicale! Je sais maintenant que j'ai besoin de la violence verbale parce qu'elle est le voile pudique de la tendresse blessée. Au service de l'exigence d'amour mutuel, elle est seule à disqualifier la violence physique, à la tourner en ridicule. C'est pourquoi la non-violence comme substantif me paraît radicalement insuffisante. Je lui préfère le combat non violent qui s'attaque à la racine même de la violence physique pour la désarmer. Drapé d'humour, cette autre forme de pudeur qu'adopte l'amour, il est la force provocatrice capable de s'opposer au principe même de la violence dans ce qu'elle a d'absurde : le Pouvoir Tout-Puissant.

8

Viens, tribun Jésus

C'est cette violence verbale déchaînée contre la volupté du pouvoir exercé *sur* les autres que le tribun Jésus a pratiquée à l'adresse des scribes et des princes des prêtres. Elle lui coûta la vie. Il a laissé aux disciples deux paroles que l'Esprit leur remet en mémoire. La première est la plus cruelle pour ceux qui aiment : « Si je ne partais pas, je ne vous enverrais pas mon Souffle. » Mon départ au sens de la fin, de ma mort, c'est la condition d'envoi de mon Souffle qui vous constituera pleinement vous-même. Ici éclate le génie d'effacement, révélateur du tribun Jésus : sans ma mort, sans ma disparition, vous trouveriez le moyen de *faire* de moi *un* Dieu, quelqu'un au-dessus de vous dont l'adoration et le culte du souvenir vous dispenseraient d'être vous-mêmes. La seconde parole accomplit la première : « J'ai fait de grandes choses. Vous en ferez de plus grandes. » Si l'homme se perd pour que subsiste éternellement son Dieu impotent d'omnipotence, le Christ Jésus se perd, meurt pour que naisse l'homme... Et plus encore, car l'homme rien qu'homme, c'est trop court. Le Christ Jésus meurt afin qu'advienne plus que l'homme borné à l'homme, et plus que Jésus lui-même, seul Christ et seul Fils de Dieu : la famille de tous les hommes en humanité divinisée par le Verbe du Père dans leur Souffle commun.

Pour atteindre cet horizon d'universalité fraternelle, je suis à l'affût, à la recherche de toutes les virtualités d'épanouissement que contiennent les multiples formes de cultures, de sagesses et d'arts de vivre. Mais l'Heureuse Nouvelle ou Évangile de la victoire sur la mort ouvre des possibilités innombrables de toucher le cœur et la pensée de tous les hommes. Elle déborde les cadres historiques et géographiques du milieu et de l'époque de sa transmission originelle. Je n'aurai pas assez de toute ma vie pour déployer, recréer cette parole, qui permet à tout homme d'avoir l'audace de dire « Je ». Quelqu'un se risqua un jour à me confier. « J'ai toujours cru ce qu'on me disait. » « Moi, répondis-je, je ne crois pas ce qu'on me dit, je dis ce que je crois. » Dans la logique, non du code sacerdotal, mais du Symbole des Apôtres, je ne dis pas *« Habemus Fidem »,* nous avons la foi, exprimant ainsi la propriété collective de la foi, ni même *« Habeo Fidem »,* j'ai la foi ou j'ai la propriété privée de ma foi individuelle, mais je dis *Credo.* Je crois, moi. Je pose l'acte personnel, non héréditaire, non atavique, qui consiste à croire, moi, le Dieu donné à tous en réciprocité de don. Et voici que, auteur du Symbole des Apôtres, je change de verbe. Je ne dis plus

Credo mais *Confiteor.* Il ne me suffit pas d'affirmer que je crois. Je confesse, c'est-à-dire je rends public, je proclame un seul Baptême pour la rémission des péchés, une seule plongée dans l'eau pour y noyer ce que j'ai du vieil homme accapareur et pour renaître, remonter à la surface de l'histoire en Nouveau-né, en praticien des rapports sociaux, des liens d'amitié créatrice les uns des autres. Au terme du Symbole des Apôtres, je change encore de verbe; il ne me suffit plus de croire, ni même de confesser, ni même de proclamer. Je vais jusqu'au bout de la Parole. Je dis *Expecto.* J'attends d'une attente impatiente qui fait venir l'Événement. *« Expecto resurrectionem mortuorum et vitam venturi saeculi. »* J'attends donc de pied ferme le soulèvement de tous les morts et la vie du monde à venir. Avant même de la projeter dans l'au-delà, je l'actualise dans ce monde-ci jusqu'à le faire devenir autre.

Emmanuel Le Roy Ladurie a écrit quelque part que, vers les deux ou trois heures du matin, il était capable de me faire vaciller sur l'existence de Dieu, mais pas sur la Résurrection des morts. C'est vrai. Je ne crois en Dieu qu'au dire et au faire de l'Événement des vivants et des morts, qui sortent de leurs cachots et tombeaux, pour former l'humanité capable de voir face à face son Sens ultime donné dans le tribun Jésus. Et je continue à parler à la Première Personne du singulier de l'indicatif présent. Oui, je suis allergique à l'optatif, aux vœux, aux souhaits, ces caricatures de la conviction. Je suis, moi, homme, capable d'une virtuosité théologale de la pratique des trois vertus (foi – espérance – pouvoir d'aimer) ainsi nommées parce que rien, ni dans leur objet ni dans leur motif, n'est de l'ordre du créé, de la créature. Je suis en droit de parler d'une structure prométhéenne de l'acte unique qui consiste à croire, espérer, aimer. Dieu, dans le tribun Jésus, est celui qui donne raison à Prométhée contre Zeus. Dieu, dans le tribun Jésus, est celui qui donne raison à Antigone, le symbole féminin de la conscience objectante, contre l'homme d'État Créon. Dieu est celui qui donne raison à la question de l'homme contre la réponse de Dieu.

Tout le monde, en effet, peut voir que l'on ne dit jamais d'une réponse qu'elle est cruciale. Elle est altière, impérieuse, souveraine. Le mot crucial s'applique seulement à la question. Certes, les autorités ont pu tuer les porteurs de questions. Mais personne n'a jamais pu tuer, enterrer la question. Jésus le Verbe est la question vierge de toute réponse : la question cruciale. La question en croix.

Au petit matin de la Pâque, les plus optimistes étaient persuadés que la réponse allait enfin sortir de la tombe comme la vérité du puits. Eh bien, non! C'est la question qui s'élance. Le fait s'expérimente tout au long des siècles. Les poseurs de questions finissent presque toujours mal. Ils sont parfois mis à la question, exécutés, enterrés. Mais les réponses organisées n'ont jamais pu se débarrasser de la question cruciale qui fait son tremplin de tous les tombeaux où l'on essaie de l'enfouir. Il n'est rien de tel que la tombe pour relancer la question. Aucun parti, aucune Église ne pourra réduire à l'état de vérité définie la question infinie. L'Événement de la Pâque comme question déborde le monde chrétien et l'univers religieux : c'est la victoire de la question cruciale sur la solution finale.

Le tribun Jésus voyait déjà ce que manifeste notre fin de siècle; aucune réponse n'a l'ampleur de la question qui vient du plus profond des angoisses humaines. Je modifie à peine dans ce sens le cri de la Pâque : « Pourquoi chercher parmi les réponses mortes la question vive? »

Mais, si pétillants que soient leurs récits avec l'extraordinaire va-et-vient de la vie à la tombe et de la tombe à la vie, ce n'est pas aux premiers témoins de la matérialité du fait « Jésus mort puis vivant » que je me réfère. Ils étaient alors seulement des disciples. Ce n'est qu'à la Pentecôte, au moment où le Souffle du tribun exécuté les métamorphose en tribuns, en apôtres, quand ils montent à la tribune et parlent, que la preuve éclate : ils ont changé du tout au tout, ils sont passés de la peur à l'audace d'être eux-mêmes orateurs insurgés. Ils ne font pas, ils *deviennent* la démonstration du crucifié ressuscité. L'homme exécuté, cloué au poteau, est vivant parce qu'un mort, après son dernier soupir, un supplicié vaincu, ne peut envoyer un tel souffle capable de donner la parole publique aux disciples qu'un désespoir total avait rendus muets. Pour l'apôtre, il n'y a jamais de preuves objectives extérieures. Je ne prouve que par la preuve vivante que je suis, que tout le monde peut devenir. Aussi la Pentecôte est-elle la Pâque qui sort de la clandestinité du fait matériel arrivé à un homme, pour exploser en symbole provocateur du soulèvement des vivants et des morts.

Le dépassement, la transgression des limites de l'incident local, et l'irruption en pleine vie mondiale, le passage d'un récit de témoin à la proclamation enthousiaste de l'orateur, c'est l'Esprit même du tribun assassiné pour crime parfait d'une Parole de feu. Cet Esprit est la personnalité qui rend l'affaire Jésus contemporaine de tous les siècles. Jusqu'à la venue de l'auteur enflammé de la transformation des disciples en apôtres et en tribuns, on s'était transmis le secret de bouche à oreille, car c'était risquer la mort que diffuser la vie comme une traînée de poudre. Mais aujourd'hui, la nouvelle sort du secret. Elle vibre, elle sonne la charge pour tous les hommes invités à devenir eux aussi tribuns, apôtres les uns des autres. La portée symbolique de l'Événement déborde à ce point l'apparition physique aux disciples qu'ils ne pouvaient pas reconnaître tout de suite le mort en vie. C'est que ça vous change un homme d'avoir été passé par les armes! Qu'un supplicié à mort donne un tel souffle aux orateurs du rassemblement mondial, par-delà les frontières de l'espace et du temps, voilà bien l'unique preuve, mais la preuve irréfutable, que la mort ne l'a pas eu et qu'il a eu la mort!

Parce que l'Église est trop souvent une veuve abusive qui célèbre les anniversaires de son époux, glorieux disparu dont elle se fait une raison qu'il tarde tant à venir, je prie l'appel final de l'Apocalypse : *Maranatha,* viens, tribun Jésus! Parce que je suis ordonné à la transmission apostolique, je m'incorpore la profession de foi de l'apôtre : ce n'est plus moi qui vis, c'est le tribun Jésus qui vit en moi!

9

Moi et mon Père, c'est tout UN

« On célébrait alors à Jérusalem la fête de la Dédicace. C'était l'hiver. Au Temple, Jésus allait et venait sous le portique de Salomon. Les Juifs firent cercle autour de lui et lui dirent :

– Jusqu'à quand vas-tu nous tenir en suspens? Si tu es le Christ, dis-le-nous ouvertement.

Jésus leur répondit :

– Je vous l'ai dit et vous ne me croyez pas. Les œuvres que je fais au nom de mon Père me rendent témoignage. Mais vous ne me croyez pas parce que vous n'êtes pas de mes brebis. Mes brebis écoutent ma voix, je les connais et elles viennent à moi... Mon Père qui me les a données est plus grand que tout et nul n'a le pouvoir d'arracher quelque chose de la main de mon Père. *Moi et le Père, nous sommes UN.* »

La Parole est tellement déstabilisatrice du monothéisme que même la Bible de Jérusalem avait rétabli d'instinct l'ordre des préséances : le Père et moi. Mais le texte grec est formel : ἐγὼ καὶ ὁ πατὴρ ἕν ἐσμεν [1] (Moi et le Père nous sommes UN). Tous les monothéistes ont le même réflexe. Ils prennent des pierres et veulent lapider le Blasphème incarné. Mais lui dit calmement :

« Je vous ai fait voir tant d'œuvres belles qui venaient du Père. Pour laquelle de ces œuvres voulez-vous me lapider?

Ils lui répondent :

– Ce n'est pas pour une belle œuvre que nous voulons te lapider mais pour un blasphème, *parce que toi qui es un homme tu te fais Dieu.*

Jésus leur répond :

– N'a-t-il pas été écrit dans votre loi : *J'ai dit, vous êtes des dieux*? Il arrive donc à la Loi d'appeler dieux ceux auxquels est adressée la Parole de Dieu. Or nul ne peut abolir l'Écriture. A celui que le Père a consacré et envoyé dans le monde, vous dites : tu blasphèmes, parce que j'ai affirmé que je suis le Fils de Dieu. »

De la prière des psaumes qui est la grande clameur des pauvres, Jésus extrait une parole révélatrice. « Et moi je vous le dis : vous êtes des dieux, dit Dieu [2]. » C'est ce qui autorise Jésus à décliner son identité dans sa relation avec son Père, en commençant par lui : « Moi et le Père, nous sommes UN. » Il a signé son arrêt de mort comme blasphémateur de l'Unique. Au lieu sacré du Principe

1. Jean, X, 10-30.
2. Jean, X, 30-36.

même de la théocratie, de la hiérarchie, il met l'Égalité. Aucune rivalité ne l'oppose au Père, aucune infériorité ne le subordonne à lui. Il est l'anti-Œdipe radical. Il va jusqu'au bout de la logique d'une fidélité à son Père et à la condition humaine. Le Dieu qui s'est fait homme écraserait toujours les hommes du poids de sa préexistence et de sa transcendance divines. Seul un homme qui se fait Dieu avec tous les hommes, au grand scandale des amateurs et des professionnels de Dieu, peut convaincre les hommes que Dieu s'est fait homme.

Les déistes pressentent le danger mortel de cette parole; elle est la porte ouverte à la divinisation des hommes. La religion déiste est fondée sur le fait que les hommes ne sont rien face à Dieu qui est tout. Jésus prend le contre-pied de cette croyance; Dieu divinise : ainsi, fait chair dans sa Parole, il ligue contre lui le pouvoir de la religion et la religion du pouvoir. Je serai fidèle rebelle jusqu'à la mort aux implications prométhéennes de cette Parole chantée à ma première messe, le 26 mars 1947.

10

Le troisième homme et les deux autres

J'aimerais conter maintenant une histoire où circule le sens. Il était une fois deux hommes découragés qui erraient sur n'importe quelle route du monde. Ils avaient cru aux lendemains porteurs des espérances de tous les pauvres : le monde allait être transformé à brève échéance. Or, ils revivaient l'échec des plus purs de tous les mouvements de libération. Cette fois, c'était bien fini.

Les réalistes ricanaient en chœur : « Naturellement vous y avez cru. Mais les faits sont là. Et les faits ont toujours raison de la chimère des simples d'esprit. » La dernière en date de leurs illusions venait de s'évanouir avec la fin sur le gibet d'infamie de l'homme qui incarnait un rêve fou d'amitié. Soudain résonne derrière eux un autre pas, le pas d'un autre. C'est bizarre, inexplicable. Quand on est deux désenchantés, deux désespérés, l'incident se reproduit presque à chaque voyage. Pour partager le désenchantement, le désespoir, surgit un troisième, le tiers inclus dans le vide déjà vécu en duo. Jamais deux sans trois. Celui qui a rejoint les deux premiers leur demande :

« De quoi parliez-vous en marchant? »

Les deux hommes figés dans leur espérance morte s'arrêtent, la mine sombre :

« Vous êtes bien le seul des gens venus dans notre ville à ignorer ce qui s'y est passé ces jours-ci.

– Quoi donc? dit le voyageur.

– La manière dont a pris fin la vie de notre leader. C'était un tribun qui joignait l'action à la parole, comme on n'en connut jamais de semblable face au Voyant des siècles et à tout le peuple. Nos princes des prêtres et nos chefs l'ont livré au gouverneur colonial pour qu'il soit condamné à mort et finisse exécuté. Et nous, nous espérions qu'il nous rendrait notre indépendance nationale. Mais voilà trois jours que ces faits ont eu lieu. Il est vrai que des femmes de notre groupe nous ont bouleversés. Elles s'étaient rendues à la tombe et n'y avaient pas trouvé le corps. Elles nous ont parlé d'apparitions de personnages mystérieux qui leur auraient dit que notre porte-parole mort et enterré était à nouveau en vie. Quelques-uns de nos compagnons sont allés au tombeau. Ils ont trouvé les choses comme les femmes les avaient racontées. Mais lui, ils ne l'ont pas vu. »

Il y eut un grand silence. Un ange y passa pour suggérer que les grandes histoires d'hommes commencent toujours par des contes de femmes.

Soudain, à la surprise des deux marcheurs, le troisième homme se met en colère :

« Esprits lourds, lents à croire les réalisations annoncées par les prophètes. Ne fallait-il pas que votre tribun fût passionné jusqu'à traverser toute l'étendue de la passion des pauvres pour entrer en gloire de libérateur? »

Et, commençant par Moïse et par tous les prophètes, il leur interpréta dans les Écritures ce qui concernait « le Juste exécuté ».

Si le récit du troisième homme avait été écrit, on en aurait fait immédiatement un texte sacré. Mais lui διηρμηνευσεν, c'est-à-dire, il leur interpréta... Il ouvre la voie aux interprétations. Il donne libre cours à notre pouvoir d'imaginer. Lui aussi, en marchant, raconte l'inénarrable, l'histoire des pauvres avec lesquels fait cause commune l'auteur-acteur de la création. Et les deux hommes écoutent le troisième, le cœur brûlant. Ils arrivent à leur village. L'inconnu fait mine d'aller plus loin. Mais ses auditeurs lui disent : « Reste avec nous car le soir vient et la journée déjà est avancée. » Et il entre. Or, quand il se fut mis à table avec eux, il prit le pain, le dit bien, le bénit, le rompit et le leur donna. Alors leurs yeux s'ouvrirent et ils le reconnurent...

C'est lui! Ce ne peut être que lui!

Puisque les deux hommes découragés savaient que leur rêve incarné, puis exécuté, faisait corps avec son geste, qu'il était tout entier dans ce geste-là que l'inconnu venait de faire, ils avaient devant eux la preuve : le troisième homme et leur tribun cloué au bois jusqu'à ce que mort s'ensuive étaient le même homme. Par conséquent, l'acte de mettre en commun le pain, ce geste de le rompre, symbole de la rupture nécessaire avec le monde de l'argent et du profit pour un partage total, l'incroyable geste, avait bien vaincu la mort. Ils n'en finiraient pas, les deux hommes, de raconter l'incident qui donnait vie et corps de Gloire du Crucifié Ressuscité à l'histoire des siècles. Leurs yeux s'ouvrirent sur le fait divers porteur du sens de tout : le pouvoir et la mort qui ont partie liée n'étaient pas venus à bout du geste enfantin, qui est celui du Libérateur et du Créateur.

Et s'ils n'avaient pu en venir à bout, ils n'auraient jamais raison de lui. Ils n'en finiraient plus, les hommes d'Emmaüs, d'imaginer, à force d'en donner chaque fois un récit nouveau, cette histoire invraisemblable qui s'était passée chez eux. « Tu te rends compte! Nos yeux se sont ouverts et nous l'avons reconnu, puis il nous est devenu invisible. Parbleu! S'il n'avait pas bougé de place, s'il était resté là, nous aurions fait de lui *un* Dieu. » La maladie qui nous frappe tous nous aurait replongés dans la religion. Adorer Jésus, lui rendre un culte, est le meilleur alibi que s'offrent les hommes pour se dispenser d'être eux-mêmes *son acte réel.* Ses deux compagnons cherchent à le toucher. Il n'est déjà plus là. Il est dans les hommes et les femmes qui prolongent son geste et en font le leur. Parce qu'il n'est pas le geste exceptionnel de Jésus. Son originalité radicale, absolue, vient de ce qu'il est à la portée ou plutôt à la hauteur de n'importe qui. Il a si peu d'exceptionnalité que c'est lui qui fait de chacun une exception propre à infirmer toutes les règles. La force du tribun Jésus consiste en ceci : il s'est pris tellement pour tout le monde qu'il finit par ne ressembler à personne.

Deux gestes s'opposent dans notre histoire : rompre le pain, le donner pour le repas commun ou faire main basse sur lui pour des festins privés. Comme le disaient du riche, de l'exploiteur, les canuts lyonnais : « Il a mal à la main qui donne. » Cette grande contradiction qui déchire les hommes au point de les empêcher d'être l'humanité, et qui s'aggrave avec la structuration mondiale du marché, renvoie à la scène primitive du péché de crispation sur les origines. « Leurs yeux s'ouvrirent et ils virent qu'ils étaient nus. » Le geste captateur me fait nu comme un ver – propriétaire du rien. C'est ce retour à l'héréditaire qui empêchait les hommes d'Emmaüs de voir, quand la cécité du désespoir semblait à jamais les figer, jusqu'à l'instant où le troisième homme leur ouvre les yeux sur la nudité, la vanité, le rien du pouvoir.

11

Le geste de Jésus contre la théologie de ma tante Ninon et du pape Jean-Paul

Si toute ma théogenèse est dans le geste de rupture pour le partage, du tribun Jésus, une question immense va se poser : cette démarche est-elle ascendante ou descendante? Le prophète Jésus monte-t-il en homme de base avec tous les hommes ou vient-il de loin, de Dieu, riche d'une antériorité, d'une préexistence divines?

Pour esquisser l'humble et ambitieuse réponse, je ne vois que le recours à la parabole. Un certain jeudi saint, le pape Jean-Paul II s'adressait à tous les prêtres du monde catholique. Pour justifier le bien-fondé du célibat ecclésiastique, il leur tint ce langage : « L'Église veut être aimée de ses prêtres d'un amour total, exclusif, comme elle a été aimée de Jésus-Christ. » Oh! Très Saint-Père ou mieux Serviteur des serviteurs de Dieu, la mère la plus possessive n'oserait jamais parler ainsi : mon petit, ma grande, j'exige que tu m'aimes, moi et moi seule, à l'exclusion de tous et de toutes les autres. C'est le chantage à un amour maternel qui irait de soi, et donc ne se remettrait jamais en question. Au fil des souvenirs qui remontent du sol de mon enfance, je me remémore une tradition de ma famille qui se greffait sur une tradition religieuse, enracinée à son insu, dans le plus opaque des non-dits. Elle se cristallisait dans la théologie empirique de ma tante Ninon que je ne pouvais qu'ériger en mythe, tant je l'aimais. Au regard impitoyable de ma savoureuse tante, toutes les amours, pour parler comme au grand siècle, étaient traversées d'un quelque chose de salissant. Seul l'amour maternel trônait au-dessus de tout soupçon, d'un désintéressement et d'une pureté absolus. Jamais la tendresse filiale n'atteindrait cet Olympe du don total. Ma tante énonçait une formule écrasante des pauvres essais d'égalité impossible entre parents et enfants : « L'amour descend, il ne remonte jamais. » C'était l'amour du Père englouti dans celui de la mère maternalo-paternelle qui claironnait, gémissant et ricanant, qu'il ne pourrait jamais être payé de retour par les enfants, naturellement ingrats.

A mieux y réfléchir, la lecture d'une lettre d'un jeudi saint du pape Jean-Paul II aux prêtres m'éblouit de la plus nette des évidences : le souverain pontife est dans le droit-fil de la théologie de ma tante. Il est vrai que, sur ses derniers jours qui furent les plus juvéniles, mon impérieuse tante Ninon congédia son autoritarisme. Elle se métamorphosait sous mes yeux en la candide jeune fille qu'elle avait dû être. Je ne désespère pas de voir une analogue transformation chez le pape, car rien n'est impossible à Dieu.

Je me souviens d'un mythe que l'on se transmettait également de mère en fille, mais qu'il n'était pas interdit aux garçons d'écouter pour leur gouverne masculine. Il était une fois dans une famille (rien à voir avec celle des Atrides) un jeune homme qui tomba éperdument amoureux d'une jeune fille. Celle-ci lui marchandait le don de sa main en échange d'une seule exigence : qu'il lui apportât le cœur de sa mère. Déchiré, le jeune homme finit par trancher littéralement, d'amour fou, dans cette alternative sacrificielle. Il porte à sa belle le cœur sanguinolent de sa mère, serré contre le sien. Mais, dans sa précipitation où doivent se mêler remords et passion, il trébuche, le cœur lui échappe et roule sur le chemin. Et voici que de cet organe, rebondissant comme une balle enfantine, s'exhale la voix mourante de la mère, pleine d'une increvable sollicitude d'outre-tombe : « T'es-tu fait mal, mon enfant? » Devant ce feuilleton qui ferait pâlir d'effroi Eugène Sue et Ponson du Terrail, je recommanderai aux âmes sensibles ce mot d'Oscar Wilde : « Il faudrait vraiment avoir un cœur de pierre pour lire ces lignes sans éclater de rire! »

Toujours est-il que l'insondable maxime de ma tante Ninon, « L'amour descend et ne remonte jamais », a gouverné la première élaboration de la théologie chrétienne, du concile de Nicée jusqu'à celui de Chalcédoine, pour s'affirmer toujours aussi vivace et coriace sous le pontificat du pape glorieusement régnant. Les théologiens ne se sont d'abord intéressés qu'à l'amour descendant et condescendant de Dieu qui sacrifie son propre fils, et n'en finit pas de faire célébrer sa douleur paternelle apaisée par le sacrifice offert quotidiennement par une mère éplorée mais digne, l'Église. En réalité, on a voulu très vite limiter les dégâts d'une incarnation totale de Dieu, trop lourde d'abracadabrantes conséquences psycho-physiologiques et sociales pour le prestige, l'honneur d'un Dieu d'abord maître de toutes choses. C'est à ce louable souci d'ordre éternel et terrestre qu'a répondu la formulation du concile de Chalcédoine. Dieu s'est fait homme, soit – il faut bien s'y résigner puisque l'imprudence a été commise par le dénommé Jésus – mais au seul registre d'une nature sur deux, l'humaine étant l'unique à se fourvoyer dans l'histoire, laissant l'autre, la divine, avec la Personnalité, toute de Dieu, du Verbe, sur les hauteurs. Les pères de Chalcédoine, non sans mal, ont débouché sur une définition parfaite de dignité : vrai Dieu et vrai homme. Le Christ a deux natures, l'une d'un homme, l'autre de Dieu, mais celle-ci gouverne la première au nom d'une seule Personne, celle-là exclusivement, totalitairement divine. Dieu ne se faisait donc homme que très modérément, sans rien perdre de sa majesté, à temps partiel et à mi-côte d'Adam, tout de suite refermée dès la sortie d'Ève, le rêve inquiétant.

Mais que peut bien signifier l'humanité de quelqu'un qui est frustré de sa personnalité correspondante, puisqu'en fait d'humain Dieu n'a qu'une pauvre petite nature coiffée d'une écrasante nature divine? Pour moi, la réponse de la Parole s'impose, telle que je l'imagine de l'ardente mémoire du tribun Jésus : « Je ne me suis pas donné à tiers de Dieu, dans ma seule seconde Personne de la Sainte Trinité, laissant les deux autres bien au chaud éternel. C'est tout Dieu, donc mon Père, qui se donne avec notre Esprit commun dans sa Parole que je suis. D'ailleurs, la nature humaine, ça n'existe pas, il y a uniquement une condition des hommes et des femmes, pas plus qu'il n'existe une nature divine. Il n'y a que Dieu tout donné. Comment voulez-vous que je m'incarne dans ce qui n'est pas? Je fais corps avec toute la condition historique des hommes et des femmes. Je me plonge à fond, en personne d'homme qui est la Parole de Dieu, dans la condition humaine dont les scribes, les experts, les spécialistes du divin et de l'animalité raisonnable veulent me convaincre qu'elle a d'abord des lois anatomiques, physiologiques, psychologiques, économiques et sociologiques, alors que je me fais fort de prouver qu'elle n'a qu'une loi profonde, un seul impératif, mais, celui-là, catégorique : par la pratique de la surprise mutuelle que se font les hommes, les femmes, les enfants et les peuples, atteindre sa pleine taille d'humanité!

« Je ne me reconnais pas du tout dans cette opération descente des cieux d'un parachutiste divin qui atterrit chez les hommes, réduits au rôle de la délégation officielle d'accueil du supraterrestre que ces abstracteurs de quintessence prennent pour moi. C'est typiquement la descente de leur idée omnipotente, bedonnante de Dieu, dans leur idée étroite, basse de l'homme sur le marché déguisé en société. Balayez-moi ces instituts catholiques et même ces facultés de théologie protestante et les centres de préparation au mariage! Et, à leur place, en trois jours, je vous bâtis, de mèche, de concert avec mon Père, mon théâtre du Verbe où avec vous tous, je joue, j'interprète, j'incarne, je crée le rôle du Fils de l'Homme, le seul nom que se donne Dieu quand il se fait homme.

« Je suis homme de par ma pleine appartenance à la condition historique des hommes exposés au risque d'être humains jusqu'à la corde, clame le tribun Jésus, le Verbe fait chair pour que toute chair trouve son Verbe. Je ne connais qu'une chance que mon Église ne doit surtout pas laisser passer, sous peine de s'enfoncer à jamais dans la vieille transcendance descendante condescendante : la chance d'une rencontre fraternelle des deux mouvements qui n'en font qu'un. »

Telle est la merveilleuse Parole, non suivie d'effet jusqu'à aujourd'hui, du discours de clôture du concile Vatican II, prononcé par le pape Paul VI : « La religion du Dieu qui s'est fait homme s'est avancée à la rencontre de la religion (car c'en est une) de l'homme qui se fait Dieu. Qu'en est-il résulté? Un conflit, un affrontement? Non! Une immense sympathie a envahi notre assemblée. La parabole du Bon Samaritain est devenue notre règle de conduite. » Mais je m'aperçois qu'aux antipodes d'une telle invasion de l'Église par la sympathie, la théologie de ma tante avec son « Amour qui descend et ne remonte jamais » a la vie dure. J'en trouve une expression saisissante dans un message du pape Jean-Paul II aux jeunes : « Chers jeunes, je voudrais vous poser un certain nombre de questions et vous en indiquer les réponses. » Dans un commissariat, l'inspecteur de police dit au suspect : « C'est moi qui pose les questions. » Mais il attend tout de même les réponses. Pas le pape!

Et puis, avec la crise du vide qui gagne toutes les couches de la société (le vide ecclésial, le vide laïc, le vide politique, c'est toujours le vide), nous avons le besoin irrépressible d'une annonce joyeuse d'un sens de la vie humaine et de l'histoire du monde. J'exècre la sacrée Congrégation de la Foi, fille du Saint-Office et petite fille de la Sainte Inquisition, parce qu'elle passe tout son temps à surveiller, à contrôler, à censurer, à condamner les expressions d'une Foi qu'elle est radicalement incapable d'*annoncer*. Contrairement à la théologie du concile de Chalcédoine, de ma tante et du pape, Jésus m'apprend que l'amour d'amitié ni ne descend ni ne remonte, puisqu'il est à la hauteur de tous, Personnalité théandrique, humano-divine, pour une raison très simple : comme tout Créateur est d'abord et toujours acteur de sa création, on ne sait plus s'il joue en Dieu le rôle de l'homme ou en homme le rôle de Dieu.

III

Théogenèse II :

À Père partisan, Fils de l'Homme
Tel père, tel fils

1

L'angoisse du Père à la brise du soir

Il faudra bien, au théâtre du Verbe d'un globe en recherche inquiète de tout son sens, célébrer, représenter les deux versions de la déambulation de Dieu flairant la catastrophe qui a saccagé, au crépuscule, l'aube de son Éden : « Or, ils entendirent la voix du Seigneur Dieu qui se promenait dans le jardin au souffle du jour. L'homme et la femme se cachèrent devant le Seigneur Dieu, au milieu des arbres du jardin. Le Seigneur Dieu appela l'homme et lui dit : *Où es-tu?* »

PREMIÈRE VERSION : « Ah! Je vous y prends, graine de révolte et de violence, voyou et garce perdus! Qui commande ici? Vous vous êtes délectés, gavés du fruit de l'arbre de la connaissance du bien et du mal, du bonheur et du malheur, dont je vous avais avertis que j'étais le seul à en détenir la nue-propriété. Vous avez voulu me voler mon manteau impérial. Eh bien! Soyez nus et grelottez, dansez maintenant! »

Deuxième Version : L'Acteur-Auteur de créateurs court dans tous les sens, à la brise d'un soir qui tombe trop vite avec un bruit d'orage et de chute. On y décèle la brisure du cœur de Dieu en écho de tous les cœurs brisés par le malentendu d'Adam et Ève sur lui et sur eux-mêmes. « Pourvu, dit Dieu, qu'ils n'aient pas grimpé dans l'arbre de l'accumulation du savoir scolaire confondu avec la connaissance. Pourvu qu'ils n'aient pas goûté de son fruit – les notions tranchées de bien et de mal –, surtout quand on sait le mal que fait le bien lorsqu'on le met en conserve au lieu de le diffuser. Pourvu, dit Dieu, ou plutôt l'Innommé, qu'ils ne se soient pas réfugiés au sommet de la tour des préjugés capitaux accumulés, et qu'ils n'aient pas fait éclater en mille et un morceaux d'anonymes créatures leurs beaux visages de divine humanité! »

Mon Dieu ne peut pas être celui de la première version qu'a souvent choisi l'Église. Sinon, il est le monstre monothéiste expéditeur de son fils, l'androgyne initial, l'Isaac-Iphigénie en sacrifice, réclamant toujours plus de sacrifices sanglants et de messes non sanglantes pour réparer l'offense faite à son divin amour-propre blessé. Un amour-propre qui lui impose de vivre éternellement au plus confortable de sa loge céleste, de son mirador d'où il lorgne d'en haut le spectacle atroce de la croix filiale et des gladiateurs d'en bas.

Je mets ma main et mon cœur au feu que mon Dieu est dans la seconde version, c'est-à-dire le plus inquiet de tous les affolés du monde, le gamin perdu qui court à la brise du soir le long des mers, des forêts, des lacs de l'univers en appelant : « Où êtes-vous, mes petits, mes petites, mes grandes? Où es-tu, ma grande? Où es-tu, mon grand? » C'est à cette heure d'angoisse mortelle que germe en lui l'idée folle de se mettre dans leur peau, d'être un homme parmi les hommes, de faire peau neuve de Dieu.

Au plus fort de son angoisse, un léger sourire lui effleura le visage car la brise du soir se métamorphosa en un vent d'orage si fort, si puissant qu'il érodait les montagnes et fracassait les rochers. Et le Dieu père gamin perdu s'amusa de ce qu'il n'était pas dans le vent. Après, il y eut un tremblement de terre. Et le sourire du Dieu père gamin perdu s'élargit, s'agrandit à la pensée qu'il n'était pas dans le tremblement de terre et que l'on ne pourrait plus jamais l'y trouver. Après le tremblement de terre, ce fut au tour du feu de s'amuser comme un petit idiot à se faire passer pour Dieu, juste le temps d'égayer de joie mauvaise et funèbre un insignifiant cardinal de Curie romaine. Au passage de ces démonstrations d'une puissance terrible pour l'homme, le Dieu gamin perdu songeait : ce sont là les derniers moments d'agonie du vieux Dieu que des humains crédules s'obstinent à prendre pour moi, ce ne sont là que les images ressassées de l'archaïque divin auteur d'un déluge homicide et monstrueusement génocide, qu'interrompt l'arc-en-ciel multicolore avant-coureur de ce que je suis.

« Après le feu, il y eut le bruissement d'un souffle ténu », et le Dieu père gamin perdu se reconnut là : c'est bien moi, ce presque rien, cet in-existant, cette existence ténue au cœur de toute chose. Car rien ne ressemble comme le presque-rien à l'infini, car rien n'est proche du Créateur de tout comme cette imperceptible et tendre pression sur l'épaule du petit créé créateur en herbe. Pour dissimuler le bouleversement de son cœur devant le tombeau vide mais ouvert de son Autre lui-même, de sa Parole, de son Fils, le Dieu père gamin perdu envoya une bourrade d'amour pudique fou à l'homme et à la femme nus. Il leur dit rudement : allez voir ailleurs si j'y suis. Ils y allèrent sans trop y croire.

Il y était...
En leur toute jeune, à peine naissante,
adorable-vulnérable Humanité.

2

Le non à l'intolérable

Mais pourquoi donc Celui qui va se révéler l'Insoumis radical, dans son geste insurrectionnel du pain rompu et partagé, commence-t-il son histoire aux hommes d'Emmaüs par Moïse et les prophètes?

Tout simplement parce qu'il est l'incroyable force d'orchestration humaine du résistant obstiné à l'ordre des choses, son Père, Créateur comme lui. Il est donc normal que tout s'inaugure par la Parole qui met debout un peuple écrasé.

Tout débute par l'histoire des immigrés juifs dont le pharaon d'Égypte juge la présence inquiétante pour sa nation : « Les fils d'Israël fructifièrent, pullulèrent, se multiplièrent et devinrent de plus en plus forts : le pays en était rempli. Alors, un nouveau roi se leva sur l'Égypte... et il dit à son peuple : " Voici que le peuple des fils d'Israël est trop nombreux et trop fort pour nous... Prenons donc de sages mesures contre lui pour qu'il cesse de se multiplier. En cas de guerre, il se joindrait à nos ennemis, il se battrait contre nous et il sortirait du pays. » Les fils d'Israël sont alors soumis aux travaux forcés des camps de la mort lente. Et le pharaon d'Égypte met en œuvre la première solution finale. C'est par une série d'actes de désobéissance individuelle que se dessine un front de résistance au programme d'extermination. Les premières à refuser la complicité avec le meurtre planifié sont les sages-femmes des Hébreux, dont l'histoire, racontée en forme de légende des misérables, a retenu le nom : Shifra et Poua. Le souverain égyptien leur avait dit : « Quand vous accouchez les femmes des Hébreux, regardez le sexe des enfants. Si c'est un garçon, faites-le mourir. Si c'est une fille, qu'elle vive. » L'union indissoluble, chez les deux sages-femmes, de la compassion et de la désobéissance civile tient en quelques mots : « mais elles craignirent Dieu ». Elles aiment mieux braver le décret du Tyran que blesser celui dont un pressentiment leur dit qu'il pourrait bien être le partisan des plus faibles; aussi elles n'exécutent pas l'ordre de Pharaon.

Brusquement, je découvre que j'ai une omission scandaleuse à réparer. Il m'est arrivé je ne sais combien de fois de raconter, comme mon plus terrible cauchemar et mon plus beau rêve, l'histoire prophétique de l'Exode, la chevauchée fantastique de tous les opprimés. Au cours du déroulement de mon récit, je suis passé à côté de l'une des plus belles figures du génie féminin dans la Bible : la fille de Pharaon qui « descendit se laver au fleuve tandis que ses servantes marchaient le long du fleuve. Elle vit une caisse parmi les joncs et envoya sa servante la prendre. Elle ouvrit et regarda l'enfant : c'était un petit garçon qui pleurait. Elle eut pitié de lui : " C'est un petit Juif ", dit-elle... La fille de Pharaon n'hésite pas entre l'ordre du roi, son père, et le petit Juif maudit que la filiale raison d'État commandait de laisser dériver sur le courant des eaux du Nil jusqu'à sa noyade fatale. Elle choisit en un crime de lèse-majesté du roi, son père et son Dieu, ce petit bout d'homme, résumant en lui les innombrables victimes du crime contre l'humanité. Elle a la même réaction que le Samaritain anonyme dont, des siècles plus tard, le tribun Jésus mettra en scène l'aventure : « Son cœur s'émut de pitié. » Il est juste de se servir, pour la jeune fille du roi d'Égypte voyant le bébé juif, des mêmes mots que pour l'homme de Samarie voyant le blessé au bord de la route : sa misère lui envahit le cœur et le corps, ce qui revient à dire qu'elle devint d'un coup sa miséricorde, ou bien, comme le traduit admirablement Chouraqui, qu'elle l'a « matricié ». Sauver quelqu'un de la mort, en dialogue avec tout ce qu'il est pour on ne sait combien de temps et risque de n'être plus, c'est l'enfanter, le mettre au monde.

Depuis ce jour-là, perdue dans la nuit indéchiffrable des temps, la fille d'un roi oppresseur est à jamais la jeune mère adoptive de toutes les résistances. Elle élève le petit homme juif avec tant d'amour clandestin, à la hauteur de sa compassion sans frontières, qu'il en est son fils. Et puis... plus rien. Exit la fille de Pharaon du livre de l'Exode, de toute la Bible, de la mémoire humaine des Juifs, de celle des Égyptiens, du souvenir de son père, le Pharaon et, peut-être même, du grand silence de Dieu.

Entré en maturité, Moïse n'a pas laissé la plus petite trace d'une quelconque pensée pour la jeune fille qui l'avait matricié de tout son être. Je suis porté à croire, d'intuition, qu'elle a dû mourir, à la fleur de l'âge, de chagrin et de cette pitié déchirante qui fut la sienne quand elle regarda pour la première fois son petit Juif sauvé des eaux.

« En ce temps-là, Moïse devenu grand sortit vers ses frères. » Ce n'est pas la voix du sang mais le cri de l'insoutenable oppression qu'ils subissent qui les lui fait reconnaître, comme la jeune Égyptienne l'a reconnu son fils. Moïse s'en va partout avec pour seul bagage son unique conviction : là où des hommes sont niés dans leur humanité, là sont mes frères. Le rescapé de la solution finale se rend sur les lieux où les humiliés traînent une vie de mort, car il devine que là sont les siens. Désormais il n'a pas d'autre famille, d'autre patrie que la famille, la patrie de tous les misérables.

Un jour, Moïse est le témoin d'une scène atroce : « Il vit un Égyptien frapper à mort un Hébreu, un de ses frères. » Il n'y tient plus, son sang ne fait qu'un tour, comme la femme qui l'avait jadis adopté frémit en le voyant exposé à la noyade dès sa naissance : « S'étant tourné de tous côtés et voyant qu'il n'y avait personne, Moïse tua l'Égyptien et le dissimula dans le sable. » C'était maintenant plus fort que lui. Aucune journée ne se déroulait sans une visite de Moïse au théâtre des horreurs de l'homme piétiné par l'homme. Le lendemain de son exécution du tortionnaire des hommes sans défense, « il sortit de nouveau : voici que deux Hébreux s'empoignaient. Il dit au coupable :

– Pourquoi frappes-tu ton prochain?

– Qui t'a établi chef et juge sur nous? dit l'homme. Penses-tu me tuer comme l'Égyptien? »

Moïse prit peur. Il comprit que son acte de terrorisme spontané n'allait pas tarder à être connu partout, d'autant plus que Pharaon le cherchait pour lui donner la mort. Il s'enfuit. Exilé, Moïse rencontra l'amour de sa vie en la personne d'une jeune fille, qui lui devint unique au monde à l'heure où il croisa le fer pour elle, quand l'attaquait une jeune brute. Il renouvelait encore le geste de sa petite mère adoptive l'arrachant aux forces du décret de mort. Sa femme enfanta un fils auquel il donna le nom du sentiment très fort qu'il éprouvait en ce temps-là : Guerschom, l'immigré « car, disait-il, je suis devenu un immigré en terre étrangère ».

Décidément, rien, même pas le bel amour d'une femme et la joie d'un fils, ne guérissait Moïse des brûlures du souvenir de son peuple torturé. C'était bien par amour qu'il avait tué. Aussi, c'est par cet homme, violent au nom de l'amour blessé, que l'amour en personne, le tueur de toute violence ressuscité des morts, Jésus le Verbe, commencera l'ouverture de sa grande symphonie jouée tout au long de la route qui mène à Emmaüs.

« En ce temps-là, les enfants d'Israël gémirent du fond de la servitude et crièrent. Leur appel monta vers Dieu du fond de la servitude. Dieu entendit leur plainte; Dieu se souvint de son Alliance avec Abraham, Isaac et Jacob. Dieu vit les fils d'Israël; Dieu se rendit compte... » L'imparfaitement appelé Dieu, c'est Celui qui voit l'ampleur de l'injustice et la barbarie des génocides. Il se rend compte de l'inhumanité des hommes. Du coup, il prend parti, il est le Partisan.

Pendant ce temps-là, Moïse l'exilé, le réfugié politique, l'inguérissable des horreurs de l'histoire du monde, conduisait le troupeau de son beau-père Jethro, prêtre de Madian, sur les pentes du mont Horeb. C'est alors que, sur la montagne, Moïse vit un buisson ardent que le feu des passions ne dévorait pas. Comme il a vu le spectacle si insoutenable de ce qu'un homme faisait d'un autre homme qu'il n'a pu que tuer l'homme inhumain, il voit maintenant un feu qui ne retombe jamais en cendres nationales ou impériales, ni en tiédeur de soumission aux mots d'ordre d'une *Realpolitik.* Car ce feu s'allume à la flamme d'indignation et d'enthousiasme mêlés. Il symbolise la résistance à l'ordre des choses, à la fatalité des piétineurs et des piétinés, des sous-développeurs et des sous-développés. Du brasier, s'élève claire, pure et limpide, la Parole qui tient tête au pouvoir : « J'ai vu, j'ai vu la misère de mon peuple en Égypte et j'ai entendu les cris que lui arrachaient ses tortionnaires. Oui, je connais sa torture. Je suis descendu pour le libérer de la main des oppresseurs et le faire monter de ce pays de servitude vers un bon et vaste pays, vers un pays ruisselant de lait et de miel. » C'est la Parole qui met debout le peuple interdit d'être, et dont l'enterrement tout vif est programmé, qui ouvre le feu de la grande histoire des hommes révélés à eux-mêmes. Il n'y a pas d'autorité tout court. Il n'est d'autorité que de la Parole et de la Parole qui libère, de la Parole qui n'opprime pas plus qu'elle ne flatte les instincts. La Parole est meurtrière des pulsions de meurtre. Elle a pour trait distinctif de mettre debout les hommes couchés, condamnés à ramper sous le fouet : « Lève-toi et va trouver Pharaon! » Quand, du brasier, s'élance le cri : *Je suis descendu pour libérer mon peuple des griffes de ses tyrans,* la signification de cette descente est claire. Elle s'effectue bien du piédestal d'arbitrage céleste où les nations situent leurs dieux, les alliés du plus fort, alors que l'Unique manifesté en forme de feu est toujours aux côtés des hommes de rien. Ce n'est pas là le maître du monde, le monarque des lois de la terre et du ciel, c'est le *non* à l'intolérable. Pas le non affligé à l'intolérable toléré. Mais le non résistant, le « ça ne peut plus durer! » du passeur de l'esclavage à la libération. Moïse sent que pareille opposition à la loi du plus riche et du plus fort déborde l'évocation d'un « Dieu de nos pères » : « S'ils me demandent le nom de la sortie, de l'Exode d'un tel Enfer, je leur dirai quoi? » La voix du brasier ne répond pas par un nom propre, un substantif. La Parole de Feu est verbe, geste opératoire, Acte pur de toute idée qui reste en l'air, à l'état d'intention. A ce que je vais faire, on va voir qui je suis. Je suis qui je serai, je serai qui je suis. TOUT ENTIER DANS MON ACTE.

Ils verront de quel bois je me chauffe! C'est, du même mouvement, le *Dabar* et le *Ruach* hébraïques, la Parole et le Souffle. Il n'existe pas en premier lieu une création de l'univers du type gouvernemental, à l'intérieur de laquelle un Dieu déploierait sa Toute-Puissance pour protéger ses favoris. C'est au contraire le fait de lutter, de résister, en plein cœur du soulèvement des humiliés à l'œuvre dans l'Exode, qui montre que la Création racontée par la Genèse est l'Acte de résistance victorieuse aux forces du chaos d'ordre moral, conservateur et fixiste. J'ignore encore, résonne la voix jaillie du brasier, jusqu'où pourra bien me conduire l'acte fou de faire alliance avec vous, masse des hommes broyés, mon peuple. Si l'impossible-à-prononcer avait dit du premier coup, et une fois pour toutes : « Je suis l'Amour », on voit bien ce que l'espèce humaine – d'animaux raisonnables et compétitifs – en aurait fait, de cet amour-là : un bon sentiment mou et tout juste doux de morne gentillesse. D'ailleurs, la bestialité humaine fait l'amour comme elle fait la guerre.

Ce n'est pas au nom d'une décision arbitraire, par un coup de dés, qu'il plaît au refus de l'intolérable de choisir ce ramassis d'esclaves juifs, comme il aurait pu leur préférer les Perses, les Assyriens, les Grecs ou, pourquoi pas?, les Romains. Celui qui n'a pas d'autre identité que son nom de résistant et de libérateur est l'allié naturel du peuple rayé du concert des nations. C'est l'Alliance de l'infime et de l'infini. Car rien n'est infini comme l'infime, et rien n'est infime comme l'infini.

L'Innommable ne peut nouer un lien d'amitié qu'avec la masse innommable. Celui qui n'est pas un peuple, je vais l'appeler mon peuple. L'acte de naissance des Juifs, leur raison d'être, c'est l'Exode, la sortie massive des peuples d'aujourd'hui et à venir, de la condition intolérable où les parque l'ordre normal, hiérarchique, compétitif du monde. Toute l'aventure de la masse humaine des esclaves libérés du tyran va contre l'idée d'un peuple particulier que choisirait son Dieu national pareil aux dieux habituels. Il n'y a pas de peuple élu. Le seul peuple élu, c'est la masse des exclus. Il n'y a pas de terre promise à un peuple au prix d'une exclusion de ses premiers habitants. La seule terre promise est celle où il n'y a plus ni colons ni colonisés, ni occupants ni occupés. Le Dieu libérateur ne peut pas être le Dieu conquérant. Il faut opérer le divorce du Dieu de la libération et du Dieu de la conquête. Aussi jamais un Juif n'a pu dire ce que pouvait signifier être juif au titre d'une particularité nationale ou religieuse. L'universalité, l'humanité lui collent à la peau. Les frontières d'espace et de temps lui pèsent. Les Juifs de l'Exode anticipent tous les hommes qui ne peuvent respirer qu'en humanité sans frontières. L'histoire vraie et mythique du peuple juif prophétique d'un monde nouveau, avec ses faits repérables auréolés de légendes, ne part pas du récit des origines, de l'acte créateur d'un Dieu maître. Elle se déroule à partir de l'Événement fondateur dont les deux pôles, rébellion originelle et fidélité institutionnelle au geste d'insurrection initiale, ne forment qu'une seule réalité : la résistance libératrice jaillie du Buisson ardent que rien n'éteint ou même n'atténue... Seul, le refus, actualisé tout au long de l'histoire, d'un monde où les uns dominent les autres, peut libérer l'« élection » du péril mortel de dégénérer, de n'être plus que la propriété d'une nation sainte. Que des Juifs se réclament d'un Exode si lointain, d'une libération si perdue de vue qu'elle est oubliée de tout le monde, qu'ils s'en servent pour réclamer un statut d'exception au-dessus de tous, alors la belle exigence fondatrice d'humanité se durcit en monopole. La déformation caricaturale réapparaît toujours : s'exalter mondainement à la manière des nations et mettre cette tendance au compte de Dieu. On maximalise une cause particulière quand il faut découvrir sa portée universelle.

Les victimes juives de la « solution finale » n'appartiennent pas à un État et à une nation, fût-ce Israël, mais à l'humanité puisque témoins du crime contre elle. Israël demande un roi pour échapper à sa vocation prophétique et faire comme les nations. L'Église a des chefs, des princes, une cour, un ministre des Affaires étrangères pour faire comme les États. Israël fait son nouvel apprentissage d'État national en reconnaissant l'identité de la Palestine. Au seuil d'un monde qui, malgré les régressions, essaie d'être humain, l'Église voudrait garder ses fidèles en respectant « l'infidèle ». Depuis ses origines, selon la vision étonnante du grand juif fidèle rebelle Leibowitz, l'État d'Israël risque d'être au nom messianique d'Israël ce que l'État du Vatican, dernier vestige des États pontificaux, est à l'Église universelle du tribun Jésus.

C'est au livre du Lévitique, le plus ritualiste de toute la Bible, que l'on trouve l'impossibilité d'interpréter le choix de Dieu, l'Innommé, dans un sens d'élection arbitraire d'une particularité nationale : « Quand un émigré viendra s'installer chez toi, dans votre pays, vous ne l'exploiterez pas; cet émigré installé chez vous, vous le traiterez comme un indigène, comme l'un de vous; tu l'aimeras comme toi-même car vous-mêmes avez été des émigrés dans la terre de servitude. » Et ici, les gens de Palestine ne sont pas venus chez les Israéliens. Ils étaient, ils sont chez eux. L'exigence divine à l'égard des Palestiniens, du véritable Israël, est donc qu'ils soient aimés par les messianiques porteurs d'une promesse universaliste, et non nationale, comme ceux-ci s'aiment eux-mêmes. Dieu choisit toujours celui que personne n'a l'idée de choisir. Il fait alliance avec ceux dont il est risqué de dire qu'ils sont un peuple. Il s'allie aux Juifs, non en État, en nation sainte, mais en apatrides pour les hommes dispersés dans les nations. Alors que des flots d'hommes sont revenus de tout, sans être allés profondément nulle part, le Juif comme prophète des peuples niés ne guérit pas de sa blessure messianique. Il ne s'habitue jamais à ce qui lui est arrivé. Il n'en revient pas. Il n'en est jamais revenu que l'imprévisible, l'inattendu, l'invraisemblable, l'impossible ait eu lieu et puisse toujours se réaliser contre les prévisions des réalistes, les calculateurs des rapports de force, les spécialistes des lois de l'histoire. Tout aurait dû déboucher sur l'anéantissement des faibles, à cause de ces mécanismes qui font les riches de plus en plus riches et les pauvres de plus en plus pauvres. Mais rien ne s'est passé comme les sages l'avaient calculé. L'affaire s'est déroulée tout autrement. L'armée des oppresseurs perdit pied sur terre et sur mer. Les chars coulaient à pic et les gueux, les esclaves d'hier, défilaient comme si de rien n'était. Pareille aventure n'arrive pas une fois pour toutes. Il ne s'agit nullement du miracle exceptionnel qui confirmerait la règle du triomphe des forces de l'habitude. Le renversement de l'ordre moral et séculaire qui veut les uns élites, maîtres d'œuvre, les autres main-d'œuvre servile, s'affirma l'exception à infirmer, comme rendre infirmes toutes les règles. L'inimaginable a pris valeur de fait pour toujours. L'inénarrable s'est produit en moins de temps qu'il ne faut pour le raconter. L'utopie a trouvé son lieu qui est l'unique Dieu. L'invraisemblable fraternité qui déborde les hiérarchies fournit la preuve décisive qu'elle est le seul vrai.

C'est à cet étonnement de voir l'imprévu s'inscrire

déjà dans les faits que je dois la trame et la matière de ma prière. Si ma pensée se heurte à la mesure du seul possible, d'un « c'est ainsi, nous n'y pouvons rien », je passe à la démesure et prie. Quand, aux quatre heures de l'aube, le sommeil fuit, je parle d'un seul cri les cent cinquante psaumes des pauvres de la terre.

Je fais si fort cause commune avec vous, dit le Dieu résistant, que je finis par en devenir l'un de vous, un homme. A Père partisan des masses humiliées, Fils de l'Homme venu pour relier les uns aux autres d'un lien d'aimante réciprocité. La Parole faite chair va humaniser son Père le guérillero. Elle l'apprivoise. Au fond, si je crois en Jésus-Christ, c'est parce qu'il est le seul qui évangélise Dieu. Et s'il est deux mots qui résument mon ecclésiologie et ma christologie, ils sont bien ces deux-là : dé-romaniser l'Église – évangéliser Dieu.

3

Celle qui donne un fils au non à l'intolérable

La clameur des psaumes atteint sa perfection de naïve insolence dans le *Magnificat* de Myriam-Marie de Galilée, cet *Opéra de quat'sous* des insurgés du monde entier : Je magnifie de tout mon être l'Impossible qui est la Source de la vie. Son cœur bat au rythme des innombrables misères dont Il veut que les hommes soient vainqueurs. Sa force d'aimer embrasse de siècle en siècle ceux qui craignent de le blesser dans son génie d'amitié.

Myriam-Marie de la Galilée des nations chante et danse l'acte de naître. Elle fera, jeune fille, ce que font toutes les mères. Les femmes de son entourage lui racontent que les petits d'hommes font leur première apparition en charmants petits gâteaux. Or, quand on veut démouler un gâteau, on retire le moule. L'art de l'enfantement du beau petit gâteau humain, chaque fois unique au monde, est le même. Myriam-Marie sent bien qu'elle ne sera jamais au-dessus de toutes les femmes, mais avec elles, inséparablement, jusqu'à leur commune venue au grand jour d'humanité, ce beau nom féminin singulier des hommes, femmes, enfants et peuples au pluriel. Myriam-Marie de la Galilée a fait comme ma mère qui n'a pas expulsé son enfant, mais s'est appliquée, première marque d'amour, à retirer le moule familial, tribal, national, synagogal, ecclésial, qui risquait de me banaliser, pour laisser toute la place, livrer tout le passage d'allure pascale au nouveau-né que j'étais. Au nouveau-né dont mon unique pari est que je le devienne toujours davantage. C'est Myriam-Marie de la Galilée des peuples qui, au cœur brûlant d'un *Magnificat* cosmique, m'apprend à mettre en scène et en ondes le mystère de la création de l'homme et de la femme.

Au théâtre du Verbe, les deux récits de la Genèse s'accordent en une seule représentation symphonique : la création simultanée, d'égal à égal, de face à face, des deux composantes d'humanité par la seule Parole; cette « première » Création fait corps avec l'autre récit de la Genèse, celui de la femme jaillie du plus profond de l'homme, pour la confusion ou mieux l'hilarité retrouvée de ceux qui voudraient nous réduire à deux sexes – le Beau et le Fort. Pour qui donc nous prenaient-ils?

Nous chantons en plein *Magnificat* que les temps sont finis où la femme était tour à tour suspecte et idolâtrée comme le double et le trouble de l'homme, sous prétexte que, dans la grande tradition biblique, la femme naît des régions obscures, ambivalentes, surréelles du sommeil de l'homme. Et Myriam-Marie de la Galilée des peuples fait vibrer dans son

Magnificat la beauté pure de la première déclaration d'amour du monde : « Voici enfin l'os de mes os et la chair de ma chair. » Car elle sait comme personne que l'amour n'a qu'un mot : il le dit sans cesse et ne se répète jamais. Elle magnifie la force symbolique de la femme, passage du rêve à la réalité, au sens où la nuit s'achève et se dissout dans le jour naissant, où l'instinct se dégage de sa brutalité informe pour se faire intuition aimante et délicatesse créatrice, où l'utopie et le Royaume de Dieu métamorphosent le désert en fertiles plaines de vie. La femme apparaît aux heures matinales et crépusculaires où l'amour apprivoise la sexualité, tandis que Dieu se fait chair. En réalité, la femme est aux confins de l'espace et du temps, et elle entraîne l'homme sur cette frontière où les contradictions fécondent le sens de la vie humaine.

A cette heure d'un *Magnificat* actualisé, j'entends le rire inimitable de Myriam-Marie à l'adresse de tous les tronçonneurs du réel en fleurs : scribes, classeurs d'archives, quand vous m'aurez dit le point exact où la nuit s'abolit et cède la place au jour, je vous indiquerai la frontière précise entre le rêve et la réalité, le symbole et l'histoire, l'utopie et le réel, l'homme et la femme. Le passage a lieu si insensiblement qu'il subsiste des fils de nuit au cœur du plein jour, ne serait-ce que pour ne pas réduire le moment de la clarté à l'illusion brutale des idées claires et distinctes. De toute la truculente virginité de son *Magnificat,* Myriam-Marie ridiculise la méfiance à l'égard de l'altérité de la femme, située à l'articulation de l'esprit et de la chair, dont l'homme est fait. Elle rit des aspects lugubres d'une Église atteinte de sexophobie, affection épidémique de réduction du corps au sexe qui fait pulluler à l'infini les sexophiles, les sexolâtres et les sexopathes pour le plus grand profit des sexologues.

Je crois bien que c'est au plus fort de la verve tendre qui parcourt son *Magnificat* qu'il plaît à Myriam-Marie de la Galilée des peuples d'oser chanter, danser, valser son Chef-d'Œuvre d'insolence utopique : il a fait crouler les puissants du haut de leurs trônes, il a exalté les pauvres. Il a comblé de bien les affamés, il a renvoyé les riches à leur vide. Myriam-Marie de Galilée anticipe là ses enfants, les canuts lyonnais qui chantaient à voix de mutins : « Si haut que tu sois assis sur ton trône, tu n'y es jamais assis que sur ton... fondement », tant il est vrai que le fondamental, ce n'est pas l'inaccessible, mais le plus commun. Tous les fantaisistes du cœur et de l'esprit s'accordent à Myriam-Marie, leur grande petite sœur que Bernanos appelle la cadette du genre humain.

L'Église catholique dans ce qu'elle a de romain se révèle d'une si dévorante vocation maternelle, possessive et distraite à la fois, que je n'ai plus qu'un recours contre elle : la jeune fille mère de Dieu. Je me nourris de cette *castitas diffusiva,* une chaste tendresse apostolique, une pure truculence créatrice, faite d'une distance d'humour par rapport à soi, de connivence avec les hommes et les femmes qui s'aiment d'amour d'amitié, d'égal à égal, et qui prophétisent ainsi un nouveau type de rapports humains. Aussi, je ne mets pas l'accent sur la maternité virginale, selon laquelle la virginité n'est que l'adjectif de la mère, le génitif de la *Genitrix*. Ce que je tiens pour vital, c'est la virginité, la juvénilité qui enfante sans cesser pour autant d'être juvénile et féminine, en le devenant au contraire toujours davantage. Myriam-Marie la Galiléenne est à ce titre la Dame de mes pensées, la jeune fille de mon rêve d'une résistance sur tous les fronts à la sottise épaisse des situations acquises où l'on sait d'abord qu'il n'y a que du possible. Elle est l'impossible qui a lieu. La jeune fille vierge conçoit, enfante et met au monde l'homme fraternel d'humanité impossible, et préfigure cet autre impossible : les riches par millions gagnés à la Communion des pauvres.

Et Joseph, qu'en faites-vous? insinuent les esprits forts, qui se croient fins parce qu'ils sont courts. Quelle idée de le faire vieux! Dans un monde structuré par la production et où tout se consomme, même l'amour, il faudrait être très âgé pour ne pas « consommer » celui-ci, selon un abominable vocabulaire blasphémateur de la force d'aimer. Le charpentier Joseph, à l'image de l'auteur de la charpente du monde, est le symbole de la rupture avec l'implacable circuit production-consommation. Au plus épais d'une société reproductrice qui, de par tous ses mécanismes et son régime de succession, engendre mais n'adopte pas, Joseph est l'adoption à l'état pur, car pour être adoptif, on n'en est pas moins père. Quant à Myriam-Marie de Galilée, elle symbolise la possibilité pour toute femme, fût-elle la plus castatrice de toutes les matrones, la plus impitoyable des régentes, de renaître merveilleuse jeune fille insolente qui tient tête au vieux pouvoir masculin. C'est bien la gamine, belle d'une farouche et pétillante rébellion aux lois de l'âge, que préfigure et réalise Myriam-Marie en fredonnant son chant des partisans qu'elle fait légende des siècles, le *Magnificat*. On ne peut pas plus la vieillir que son fils et que Joseph, son mari. A toujours jeune fils de l'homme, jeune fille mère! Il a de qui tenir, le fils insoumis d'une jeune fille mère pamphlétaire et d'un Père de toutes les audaces. Alors, émerveillé, je les vois, les trois inséparables, la jeune fille mère de Dieu, la jeune fille de Pharaon, mère adoptive de toutes les résistances et la juvénile vierge, brûlée vive sur la place du vieux marché pour avoir préféré en habits d'homme, des voix rebelles aux calculs des hommes d'État et d'Église.

Comment pourrais-je me priver de l'une des principales sources de ma fidélité rebelle à l'ordre établi une fois pour toutes? Je ne renoncerai donc pas à l'étourdissante fécondité du mythe accompli en celle qui met au monde l'irréalisable réalisé. Comme son fils, loin d'être seulement l'amour, amorise tout jusqu'à la haine, elle-même, Marie, virginalise ce qui est si putanisé qu'il met au défi de le rendre vierge! Pour que le non à l'intolérable ne reste pas seul, de démarche unilatérale vers et pour les hommes, elle lui donne un fils, la fraternité incarnée. Elle a conçu l'inconcevable. Elle est si invraisemblablement vierge de tendresse féminine et maternelle qu'elle ne peut que l'être en acte et en vérité parce que le vrai est toujours invraisemblable. J'aime lui dire ce que lui annonce l'Ange :

> « Je te salue, Myriam-Marie, pleine de grâce,
> tu es bien dite parmi les femmes qui toutes sont faites
> pour être bien dites,
> et le tribun Jésus, ton enfant,
> est inconcevablement conçu.
> Sainte Myriam-Marie, mère de Dieu,
> Prie pour nous, pauvres pécheurs... »

A cette minute précise, une main se pose sur la mienne et une voix me déclare fermement : « Ne dis jamais pauvres pécheurs! C'est en français seulement que l'on dit cette infamie. » Et je comprends tout à coup l'étendue de mon erreur. Je versais dans l'assimilation inconsciente du péché à la pauvreté. Je ne dirai donc plus jamais « pauvres pécheurs ». Je n'associerai plus jamais les pauvres au péché. Je parle, chante et joue la plus hardie, la plus utopique de toutes les demandes : « Sainte Myriam-Marie, mère de Dieu, prie pour nous, *pécheurs par peur d'être pauvres,* maintenant et à l'heure de notre mort. » Toi qui deviens Femme sans rien abolir ni même restreindre du rêve illimité de l'éternelle jeune fille, de la gamine frondeuse jamais rangée. Toi si passionnément désireuse qu'advienne au monde et prenne corps la Parole de justice et d'amitié que tu as fini par l'attendre et lui donner corps dans ton corps. Du même élan, il est naturel à cette Parole faite homme, présente au monde entier, quand elle parle d'elle-même, de ne pas se désigner par le prénom que lui donnent père et mère – Jésus – mais de s'appeler du nom le plus commun : Fils de l'Homme...

4

Le Fils de l'Homme

Il est frappant que, pour parler de lui, Jésus dise le Fils de l'Homme. La plupart des théologiens répugnent à penser ce nom-là qu'ils jugent par trop ambigu. Quant à moi, je l'adopte et l'explore sans fin, à cause de son ambiguïté même. Comme si Dieu, dans son Verbe, pouvait devenir homme, un homme en tout, à l'exception de ce que l'homme a d'ambigu! Non, le tribun Jésus incarne l'homme, toute la vérité de l'homme au comble de son ambiguïté. De plus, comme il n'existe pas d'« homme en soi », il n'est qu'un homme singulier, pas plus qu'un homme, rien qu'un homme perdu au milieu des hommes, avec son inconscient et sa sexualité débordés par la conscience de tout ce qu'il est, sa conscience dont nul ne peut savoir où elle le mènera. On comprend que les théologiens aient retiré leur épingle du jeu de ce guêpier, de ce capharnaüm (justement, il est de par là). Impossible de le faire entrer dans la définition de l'homme des philosophes (animal raisonnable), des catéchismes (composé d'une âme et d'un corps) ou des économistes (animal aiguillonné par le profit, soucieux de sa place sur le marché). Tous les spécialistes du savoir ne savent que faire de cet homme. On ne le trouve même pas au rayon de la religion sous ce nom-là, « Fils de l'Homme », bizarre et quelconque à la fois. On comprend qu'ainsi nommé – qui plus est, par lui-même – il provoque la méfiance des théologiens. Lesquels, retrouvant la procédure habituelle du grand inquisiteur de Dostoïevski dans *Les Frères Karamazov,* ne se gênent pas pour dire son fait à cet inconnu par trop connu : tu as commis une grossière erreur sur la nature humaine. Au lieu de donner aux hommes des recettes, un catéchisme du salut, tu ne leur as transmis que des formules vagues, énigmatiques, des contes populaires, des paraboles indignes de la bonne doctrine. Tu as chargé leurs épaules du fardeau insupportable de la liberté. Bref, tu as trop attendu de l'homme. Tel est le raisonnement des théologiens, avant tout rationnels. Chaque fois qu'ils ont affaire à ceux qui se réclament du Fils de l'Homme, vous pouvez être certains qu'il s'agit dans leur pensée d'un de ces esprits chimériques qui attendent beaucoup trop de l'homme. Si encore Jésus se contentait d'être un homme comme tout le monde, le fils de tel ou tel père! Si encore il se disait Fils de Dieu. Mais Fils de l'Homme, je vous demande un peu! Le descendant de l'homme, de cet être semé à des milliards et des milliards d'exemplaires passés, présents et futurs, comment s'y retrouver? Allez donc vous y reconnaître dans une telle ascendance et une pareille descendance où se noie de toutes les manières le fils de tout le monde et de personne!

Sur ce point, donc, le champ théologique est vierge. Seigneur, Christ, Fils de Dieu, voilà les hauts titres revendiqués, analysés, toujours plus théologisés par les spécialistes du Divin chrétien. Mais Fils de l'Homme, le nom controversé que mentionne le livre de Daniel, c'est beaucoup moins sûr et même douteux à l'extrême. Si la théologie n'en veut pas, raison de plus pour s'y engager de toute la curiosité d'une théogenèse, avec un esprit de recherche décuplé, scripturairement fondé, puisque Jésus ne se donne pas un autre nom que celui-là. Or, c'est bien cet éternel jeune homme, né de l'homme vieux, qui est Dieu. Voilà pourquoi le tribun Jésus ne se donne comme identité que le nom le plus ambigu de l'homme, qui délivre Dieu lui-même de sa propre ambiguïté de Dieu. Car Dieu, ainsi, n'est plus que le Fils, le plus pur, le plus humain de l'homme. Nous comprenons pourquoi on n'a jamais réussi à faire de Jésus un grand ancêtre, même pas le fondateur du christianisme, encore moins un grand-père. Dieu sait pourtant que tout a été tenté pour le vieillir. Rien à faire. Il s'entête à rester filial, le petit dernier-né de tous. Là, réside le secret de cette perpétuelle jeunesse dont personne ne sait plus ce qui va en sortir.

J'ai lu récemment les quatre Évangiles d'un trait avec un seul fil conducteur : l'expression « Fils de l'Homme ». Il vaut la peine de se laisser emporter par l'histoire d'un homme qui parle de lui comme du fils de tout le monde. Il est filial à l'égard de n'importe qui, afin que l'on puisse dire du plus quelconque de ses innombrables pères, mères et ancêtres : celle-ci ou celui-là, c'est quelqu'un, pour avoir fini par donner le jour à une personnalité aussi invraisemblablement humaine.

L'homme naît de l'homme et de la femme. Le Fils de l'Homme naît de la femme et du Souffle créateur. Alors me visite la merveilleuse boutade du frère de ma mère que j'appelais Tonton Noël : il s'étonnait de ce qu'il ne soit pas dit « fils père » comme l'on disait « fille mère », expression d'ailleurs nettement plus belle que « mère célibataire », qui privilégie le célibat par rapport à la juvénilité féminine. Quelle hyperlucidité, Tonton Noël! Oui, seul Jésus est fils père! Le tribun Jésus est si filial, capable d'inventer, d'imaginer son Père et tous les hommes, toutes les femmes, tous les enfants – comme ses petits pères, ses petites mères d'adoption – qu'il en devient paternel, d'une toujours jeune paternité filiale d'auteur, de créateur des uns et des autres.

Lorsqu'un jour on fait passer par le toit d'une maison, remplie à craquer d'une foule fervente, un paralysé qui veut rencontrer le tribun de Capharnaüm, il nous est rapporté que Jésus s'émeut de voir la foi du paralytique et de ceux qui le portent à bout de bras. Et, non seulement, il la voit, cette foi d'entière solidarité du malade et de ses porteurs, mais il l'admire jusqu'à n'être plus que l'admiratif du plus humain qui est dans tous les hommes : « Tes péchés te sont pardonnés. » Du poids de ton angoisse, de ta culpabilisation, de tout ce fardeau, tu es libéré. Alors, la caste religieuse murmure qu'il y a usurpation par l'homme du pouvoir de Dieu, tandis que le sens commun insinue que ça lui fait une belle jambe, à l'homme qui ne peut marcher! Le croyant des profondeurs d'humanité de tout homme proclame, lui :

« A votre avis, qu'y a-t-il de plus facile, de dire au paralysé : " Tes péchés sont pardonnés, ton angoisse a disparu, le fond de ton cœur est guéri "; ou bien de lui dire : " Lève-toi, prends ton brancard, ce sur quoi ou sous quoi tu es couché, et marche! " Eh bien, afin que vous sachiez que le Fils de l'Homme a le pouvoir de remettre les péchés, je te le dis : " Lève-toi, prends ce qui t'écrase, ce qui t'empêche de marcher et va dans ta maison. " » Pour vous montrer que vous êtes guéris en totalité jusqu'au fond de l'âme, je vous le dis : Mettez-vous à l'œuvre, debout, réalisez votre libération, brisez toutes vos chaînes, tous vos carcans, sortez de toutes les tyrannies!

Je croyais avoir terminé mon petit chapitre sur le Fils de l'Homme quand, tout à coup, l'intrigue a rebondi. Décidément la Bonne Nouvelle est le plus inouï des romans policiers! Retenons bien la parole dont je pèse tous les termes : Jésus, le tribun Jésus ne demande jamais de croire en Dieu comme un déiste même monothéiste; pas plus qu'il ne croit en l'homme comme un quelconque humaniste, car il sait ce qui est dans l'homme. Écoutons bien sa question à l'aveugle-né, à l'homme dont il vient d'ouvrir les yeux fermés depuis sa naissance :

« Crois-tu, *toi*, au Fils de l'homme?

Et l'aveugle guéri de répondre :

– Quel est-il, Seigneur, pour que je croie en lui?

Jésus lui dit :

– Eh bien! tu l'as vu, c'est lui qui te parle!

L'homme dit :

– Je crois, Seigneur!

Et, il se prosterna devant lui. »

Rien ne sonne vrai, réel, comme cette histoire du chapitre 9 de l'Évangile de Jean, qui suit presque immédiatement celle de la femme surprise en flagrant délit d'adultère. « En passant, il vit un aveugle de naissance... » L'un des innombrables cas de l'homme, de la femme, du peuple, nés comme ça, personne n'y peut rien, même pas Dieu qui l'aurait voulu ainsi du haut de son Éternité, Lui, le régulateur des choses à laisser en l'état... Et puis, ce crachat du Verbe fait chair, le mélange répugnant de sa propre salive avec la boue du chemin des ambiguïtés historiques, appliqué sur le regard mort depuis qu'il est né : « Va te laver à Siloé. » Et, laconisme plus fort que celui de César avec son dérisoire *Veni, vidi, vici,* on nous dit que l'aveugle y va, se lave, revient, voit. Le fait divers pourrait s'arrêter là; tout est bien qui finit bien. Justement, non! C'est à l'heure précise où vous réalisez la plus belle histoire que l'on vous fait les pires histoires. Une pièce en cinq actes qu'il faudra bien jouer au plus tôt.

– *Premier acte :* Les voisins.

– *Deuxième acte :* Les pharisiens, les scribes et autres notables.

– *Troisième acte :* La famille, le papa et la maman de celui dont il eût mieux valu, pour sa sécurité, qu'il n'ouvrît pas les yeux sur son sort qui devait rester écrit d'avance : « Aveugle-né tu es, aveugle-né tu resteras. »

– *Quatrième acte :* Le retour vers les autorités, pour la vérification de l'opération suspecte, de l'ex-aveugle-né invité par la religion, l'école et l'armée à continuer de s'abstenir d'essayer de voir toujours davantage.

– *Cinquième acte :* C'est au moment où celui qui aurait dû être fêté, entouré d'une multitude d'amis, est chassé, exilé, de la famille, de la patrie, de la synagogue et de l'Église, que le rejoint l'auteur de sa guérison, jusque-là effacé dans son geste, in-existence totale. Aussi l'ex-aveugle-né s'émerveille-t-il du jamais entendu, du jamais vu, du jamais fait : « Jamais on n'a entendu dire que quelqu'un ait ouvert les yeux d'un aveugle de naissance!...

– Crois-tu, toi, au Fils de l'Homme?

– Où est-il pour que je croie en lui?

– Tu l'as vu, c'est lui qui te parle. »

Le Fils de l'Homme t'adresse la parole, il te parle à toi, devenu ainsi toi-même, celui dont la parole est aussi vive que ton regard neuf. Crois-tu, toi, à celui qui croit en toi? Crois-tu à ton croyant? – Je te crois, Fils de l'Homme, mon « à-venir », mon rêve, mon utopie réalisée, mon petit, mon humanité, mon enfant, mon Dieu!

5

Dieu : l'homme sans identité

Le Fils de l'Homme est l'innocent du péché originel. C'est pourquoi il n'en parle jamais. Le créateur de l'humanité n'a jamais prononcé d'interdit; il met en garde l'homme et la femme contre le danger mortel du fruit de l'arbre du savoir du bien et du mal, du bonheur et du malheur, substitué à la connaissance de la vie. L'homme et la femme cèdent à la paresse des idées toutes faites, au principe du savoir établi, à l'opposé de la connaissance-renaissance avec le peuple des autres : « Je me suis toujours fait une certaine idée de l'homme, de la femme, de Dieu, du bien, du mal, et, quoi qu'il arrive, je n'en démordrai pas. » C'est donc bien qu'ils y ont mordu! Ils ont mordu au pire de ce qui arrive aux hommes : la peur d'évoluer, préférer la sécurité d'une nature au risque d'une histoire commune. Le péché originel, non pas celui qui aurait été commis à l'origine, et dont nous subirions tous monstrueusement les conséquences sans qu'un seul d'entre nous l'ait personnellement commis; mais l'infantilisme, la crispation sur les origines. Le misérable péché d'obéissance.

L'Amour en personne me tend la main et me dit : sois mon ami d'égal à égal. Le péché, c'est de laisser retomber la main, de claquer les talons pour répliquer : donne-moi tes ordres. Je me contente d'être à ton service, à ta merci.

Les hommes ont méconnu le sens de l'humour constitutif de Dieu en son Verbe déchaîné. Ce dernier parle intarissablement de son Père, jusqu'à provoquer la réaction des disciples : ce Père, au lieu de nous en parler, lui disent-ils, montre-le-nous. Jésus leur répond :

– Voici bientôt trois ans que nous vivons ensemble et vous ne me connaissez pas? « Qui me voit, voit mon père. »

– Ah! cette fois, a dû remarquer Philippe, je suis fixé. Tu es le Fils du Très-Haut.

– Vous n'y êtes pas du tout, dit le Fils de l'Homme. « J'ai eu faim, vous m'avez donné à manger, j'ai eu soif, vous m'avez donné à boire, j'étais un étranger, vous m'avez recueilli, nu, vous m'avez vêtu, malade, vous êtes venus me voir, prisonnier, vous vous êtes compromis pour moi. »

Au moment où l'on croit pouvoir le définir comme le dauphin du Souverain des cieux et de la terre, le Fils de l'Homme avoue qu'il n'a pas d'autre identité que celle des hommes privés d'identité. Dieu en homme, c'est le type même de l'immigré clandestin, à renvoyer au plus tôt dans ses foyers, ce qui est d'ailleurs impossible puisqu'il n'a aucun domicile fixe, aucune patrie d'origine, et pas le moindre papier sur lui qui prouverait qu'il est Lui.

Et, après tout, on n'a peut-être devant soi qu'un fantôme, un mythe. Au fait, ce doit être ça, le génie de l'effacement du créateur dans la création, l'« inexistence » de Dieu.

6

Si les morts restent morts, Christ est mort et enterré

C'est à un cri de l'apôtre Paul qui m'atteignit en pleine adolescence que je dois ma passion d'égalité : « Il n'y a plus ni Juif ni Grec... Nous sommes tous Un dans le Christ Jésus. » C'est à un autre cri du même apôtre que je dois, reçue en pleine maturité, ma conviction qu'il y a inséparabilité de la Résurrection de tous les hommes et de la Résurrection du Christ. Paul l'écrit dans sa première lettre aux chrétiens de Corinthe : « Si les morts ne ressuscitent pas, Christ non plus n'est pas ressuscité. Et, si Christ n'est pas ressuscité, vide est notre prédication, vide aussi votre foi. Il se trouve même que nous sommes des faux témoins de Dieu, car nous avons porté un contre-témoignage en affirmant que Dieu a ressuscité le Christ, alors qu'il ne l'a pas ressuscité s'il est vrai que les morts ne ressuscitent pas. »

Je ne vais donc pas attendre d'avoir établi la preuve matérielle, à grand renfort d'enquêtes exégétiques et policières, de la résurrection physique du Christ pour en faire dériver la possibilité, la réalité du rêve fou de la résurrection massive des vivants et des morts. Mais, à l'inverse, c'est la réalisation du soulèvement des vivants et des morts qui peut seule administrer la preuve de la Résurrection du Christ. Sinon, je sais à quoi m'en tenir : si les morts en pleine vie et les morts après la mort restent sous terre, Jésus-Christ est pour toujours bloqué au tombeau. Si les hommes ne ressuscitent pas avant, pendant et après la mort, non seulement le Christ est mort pour rien, mais sa Résurrection elle-même n'est rien. Ceci pour une raison enfantine : expression, Parole totale de Dieu, Jésus le Christ ne fait propriété, capital, monopole de rien, pas plus de sa vie, de ses idées, de sa conviction et même de son corps que de sa Passion et de sa Résurrection. Voilà pourquoi la plupart des prédications sonnent creux et ne passent pas la rampe, ce qui laisse la foi des fidèles en friche, et n'atteint pas les zones multiples de l'incroyance : elles annoncent une résurrection du Christ amputée de celle des hommes et donc réduite à néant.

Je connais à fond le réflexe et le ricanement des scientistes, positivistes, aussi bien déistes qu'agnostiques ou athées : on n'a jamais vu un mort revenir de son enterrement et de sa décomposition; c'est biologiquement impossible. Comme si la mort finale était la seule à vous réduire en poussière! Comme si la multitude des morts qui jonchent la vie ne vous tuait pas avant même que ne vienne l'heure de mourir! Mais c'est une évidence : les grandes foules d'hommes et de femmes meurent un nombre considérable de fois avant terme aussi bien ou aussi mal que d'autres naissent avant terme. Certes, je n'ai pas vu de morts revenir de la mort. Mais je suis témoin depuis des années d'un phénomène extraordinaire : des enfants, des jeunes gens, des jeunes filles, des hommes et des femmes d'âge mûr, des vieillards passent de la résignation, du chacun pour soi, à un foisonnement de liens d'amitié.

Si donc, pour vivre l'amour d'invention mutuelle comme ressort de toute l'activité humaine, nous formons le réseau de résistance à cet appétit mortel d'être les concurrents, les rivaux meurtriers les uns des autres, appétit dont il nous est dit qu'il pourrait seul structurer nos sociétés, je ne vois aucune raison de ne pas entrer, après l'ultime mort, en pleine vie sans limites. C'est dans le soulèvement toujours plus pensé, rêvé, moins organisé qu'animé, imaginé, coordonné à la manière des liens d'un immense filet d'amour d'amitié, contre ce qui oblige à crier « Mais ce n'est pas une vie! », qu'éclate la preuve que le Père résistant a fait de son Unique, le Fils de l'Homme, le Premier-né d'entre les morts.

IV

Théogenèse III :

À Père partisan et à Fils de l'Homme, Esprit incendiaire du monde

1

Quand l'Esprit créateur vient à tout le monde

Aujourd'hui, s'éloigne de moi l'idée d'un Père jadis résistant, puis retiré aux cieux dans une sorte de pouvoir présidentiel cosmique. Un Père qui demeurerait au-dessus de la mêlée, tandis qu'expire sa Parole, son Fils, pour faits de résistance. On voudrait nous faire croire que ce n'est qu'après l'ultime râle du rebelle, en vertu de son pouvoir illimité, que le Père Tout-Puissant délivrerait le supplicié du tombeau! J'inclinerais plutôt à penser que le partisan de tous les humiliés n'a pu qu'être tué, mourir au maquis des esclaves révoltés. Comment un Père radicalement opposé à toute hégémonie pourrait-il ne pas partager avec son Fils la Passion insurrectionnelle « res-suscitante »? Je suis porté à croire qu'ils se relèvent mutuellement de la mort, comme ils sont entrés l'un avec l'autre en rébellion créatrice (non en religion!). Le Fils de l'Homme se tourne et retourne tellement dans sa tombe qu'il finit par en forcer l'issue et fait vivre à son Père la sortie du mausolée où il était l'éternel prisonnier de l'« idée de Dieu ».

Parce qu'il n'est rien du Père au Fils et du Fils au Père qui ne soit mutuel. Il n'est rien que le Père et le Fils, le Principe partisan et son Verbe fait chair, ne vivent en réciprocité d'amitié, d'égal à égal, d'un face-à-face éternel qui suscite, ressuscite et embrase d'un Feu créateur de fraternité toute la Création. Je n'ai envisagé la mort du Père que faute d'avoir saisi la force de son rêve qui est l'Esprit. Rêver toute la vie au lieu de la subir et de la calculer, c'est bien la plus pure joie et le plus redoutable tourment créateur de l'homme! Mais il m'arrive, comme à tout le monde, de rêver que je rêve. Pour accueillir, créer le réel au-delà de la réalité, il faut le rêve décuplé, centuplé, élargi à l'infini, de tout ce qui se peut rêver et même plus loin encore. Comment pourrais-je découvrir image plus douce et forte et flamboyante de ce qu'est l'Esprit, le Souffle, le Feu commun au Père résistant et au Fils de l'Homme? L'Esprit de quelqu'un, c'est vraiment Quelqu'un, et c'est pleinement lui. Quand le Fils rêve son Père, on peut dire du Père ainsi filialement rêvé qu'il est l'Esprit. Et quand le Père rêve son Fils, il touche du doigt leur Esprit.

Toutes les pages du Livre de vie s'animent et frémissent au gré du vent qui souffle où il veut et dont nul ne sait ni d'où il vient ni jusqu'où il entraîne. A peine le bal de l'innocence et de la fantaisie fait-il entendre ses premières notes qu'à la surface de l'abîme du vide, avant même le jour et la nuit, le Souffle du Créateur plane à la surface des eaux. Et, dès que la Parole devient humaine, entre en vie publique, c'est par le Souffle qu'elle est conduite au désert pour y être tentée par le démon du pouvoir. Tout alors se précipite, puisque la création est en proie au mal dans les douleurs de l'enfantement d'un nouveau lien d'homme à homme, de vivant à vivant. Il existe une fluidité, une mobilité du Souffle, de l'Esprit et du Feu mariés à la course du vent de fraîcheur des grandes eaux. On y va d'un flot, d'une cascade d'innombrables noms destinés à raconter un peu la brise et les rafales tumultueuses de l'Esprit exubérant, tendre et profond. Il est l'avocat de toutes les causes désespérées, le doigt de la main du Dieu artisan, artiste et partisan, le Créateur des liens, le Père fraternel des pauvres, la Source de tous les dons mutuels, le fleuve qui emporte nos aridités, le torrent d'égalité chaleureuse où se noie toute raideur hiérarchique. Il déride les plus lugubres des fronts, il donne aux paysages l'expression d'un visage, et à une forêt de visages la grâce et l'ampleur d'un paysage. L'Esprit parcourt les sentiers, les voies, les routes et les fleuves de l'œuvre pour la parfaire chef-d'œuvre, la parsemer d'une musique claire, symbolique et symphonique. Il est la réciprocité du Père filial et du Fils paternel, la circulation de la sympathie, du courant d'amitié que n'embourbe jamais le désir de précéder, de dominer. L'Esprit va et vient des pères aux fils, des fils aux pères, des mères filiales aux filles maternelles. La nouvelle est propagée de familles en nations, de nations en humanité, à peine suggérée pour n'avoir pas la lourde précision du plan d'un quelconque « Architecte de l'univers ». *Spiritus Domini replevit orbem terrarum.* L'Esprit de Feu a rempli beaucoup plus que l'Église : l'orbe de toutes les terres. Il suscite le besoin universel d'être créé, non pas créature mais créateur.

Avouez que le monde aura tout de même une autre allure quand les hommes, les femmes et les peuples réaliseront entre eux ce qui a lieu en Dieu.

2

Il n'en fait jamais d'autres, mon Fils

Du brio créateur, que je sais capable de venir à tout le monde en flammes libératrices d'une Pentecôte ininterrompue, je donnerai un avant-goût par l'histoire que voici. Elle a pour prélude l'évocation de ce monde où les hommes sont traités de « mecs » et les femmes de « nanas ». Il était une fois une nana surprise en flagrant délit de bagatelle avec un mec d'occasion ou de passade qui n'était pas son légitime. Alors, tous les mecs furieux, qui ont laissé fuir le pauvre mec surpris, la traînent, cette créature, auprès du grand rêveur éveillé qui commençait à leur taper sur les nerfs parce qu'ils le soupçonnaient d'être de mèche avec les nanas perdues et les mecs exclus, lui, le mec sans nana. Et le bruit courait même qu'il était né d'une nana sans mec. Ils l'interrogent :

– Notre législateur nous a dit comment il fallait les traiter, ces traînées. Et toi, qu'en penses-tu?

Alors lui se baisse pour ne pas dévisager la femme car il ne dit jamais « nana ».

Il se baisse pour écrire sur le sol les quelques

lignes de son seul écrit, sitôt écrit, sitôt perdu. Puis il se dresse et parle :

– L'innocent d'une seule pensée meurtrière, libidine, assassine, du style : « ramène-toi là et restes-y, dans mon lit et dans ma peau à moi », ou l'innocent du massacre d'un seul rêve d'enfant, qu'il jette à la femme le premier caillou – la seule expression peut-être aujourd'hui possible du si connu, archiconnu qu'il en est inconnu, méconnu : « Que celui qui n'a jamais péché lui jette la première pierre. »

Et, à nouveau, il se baisse pour ne pas les voir piquer du nez, piquer un fard. Il se baisse pour confier au sol son seul écrit, sitôt écrit, sitôt perdu.

Et tous se retirent, en commençant par les plus vieux. Dire que des lugubres, moines ou autres, ont osé prétendre, sur la foi des textes, qu'il n'avait jamais ri! Comme si l'inimaginablement humain avait pu se priver de ce qui fait le propre de l'homme! Comme si la Parole vive pouvait se réduire à ce qu'en écrivent même ses amis! Comment imaginer, sans un certain sourire et même un bel éclat de rire, sa question à la femme :

– Où sont-ils passés? Ils étaient là des quantités tout à l'heure qui voulaient te faire un mauvais parti... et même la peau. Et, maintenant, plus personne. Rien que toi et moi. Femme, personne ne t'a condamnée?

– Personne.

– Moi non plus, je ne te condamne pas.

Il n'oppose pas au réflexe lapidaire de la foule

avide d'infliger la mort pour crime de lubricité publique le Pardon sublime du « seul pur ». Il ne retient de la foule que le fait qu'elle n'a pas tué. Il ne fait même pas le chantage à la gratitude du genre : « Je vous ai sauvé la vie, madame, je ne l'oublierai jamais. » Au lieu de s'exceptionnaliser, il se met dans la foulée de la foule transformée à l'image de sa plus vive humanité; tant il est vrai que la voix du peuple, tel qu'en lui-même enfin, l'amour de tous le change, c'est la voix de Dieu :

– Femme, personne ne t'a condamnée?

– Personne.

– Moi non plus, je ne te condamne pas.

Il n'en fait jamais d'autres, mon Fils, dit Dieu. Par mon Verbe en verve et mon Esprit de Feu, comme il avait raison mon serviteur Martin Luther, quand il écrivait : « En dehors du Christ, Dieu et le Démon sont très difficilement discernables l'un de l'autre. » Sans mon Fils, j'ai l'air du Diable, dit Dieu. Cette histoire de la femme surprise en flagrant délit d'adultère et que personne, personne n'a condamnée, n'est pas croyable! Beaucoup plus fort que ma première création, du ciel et de la terre, du soleil, du tonnerre, des étoiles, des anges, des animaux et même des humains. Il ne fallait là qu'un brin d'imagination. Mais, virginaliser les viveurs à pétrifier les vivants, voilà qui dépasse les plus symphoniques imaginations! Et pourtant, il l'a fait, mon Fils, dit Dieu, à longueur de création des créateurs multipliés. Et désormais, on ne pourra plus dire, sous peine d'un ridicule achevé : à père avare, fils prodigue; à Père Tout-Puissant, Fils d'amour vulnérable. Mais, tout au contraire, à l'extrême opposé : à Fils d'inépuisable humanité, Père prodigue, plus prodigue que le plus prodigue de tous ses enfants prodigues. Et, vous me l'accorderez ou mieux, vous me précéderez, celui qui lave à grandes eaux les pieds meurtris des humiliés ne peut pas être le Fils du grand monarque Dieu qui tiendrait le monde sous ses pieds. Pas plus que la merveilleuse gamine insolente des trônes renversés du *Magnificat* ne peut être l'arrière-arrière-arrière-arrière-petite-fille de la Reine mère matrone régente des cieux.

– Femme, personne ne t'a condamnée à finir sous les pierres?

– Personne.

– Moi non plus, je ne te condamne pas, même pas à passer au second plan, encore moins à gagner le dernier rang. Va, et ne fais rien qui soit indigne de toi.

La femme crut cet homme sur parole. A ce qu'il ne la toisait pas des hauteurs d'un Dieu même incarné, à ce qu'il ne fixait pas son regard sur elle, mais simplement la regardait, elle vit que c'était le Fils de l'Homme. Même pas l'homme... le petit de l'homme, l'enfant de l'homme, le rêve de l'homme, l'utopie incarnée de l'homme, l'à venir de l'homme. D'autant plus à venir par millions, et bientôt par milliards, qu'il était là, seul, face à elle, en chair et en os.

Le Souffle créateur du Père et de son Verbe en verve chasse les fidèles déistes, comme les faux affranchis, d'un culte athée ou agnostique, de leurs boutiques religieuses et commerciales. Il les jette sur la place publique pour qu'ils ne prennent rien au sérieux, mais prennent tout à cœur et qu'ils se jouent les uns aux autres les histoires de la femme surprise en flagrant délit d'adultère, du prêtre et du Samaritain, de l'aveugle-né qui voit, de l'économe infidèle, des vignerons homicides et des foules d'autres encore au Festival du monde neuf.

C'est alors qu'a lieu le coup de théâtre d'une folle nouvelle qu'annonce le Victor Hugo des *Misérables* dans le plus extraordinaire verbe qui soit au monde : « L'assassiné qui s'échappe est plus suspect que l'assassin. »

3

Les deux gestes en un seul Verbe

Voici la Bonne Nouvelle – Danger public – destinée à toute l'humanité : l'Esprit de l'Exécuté, du mort qui fuit, est infiniment plus suspect que tous les assassins réunis. D'autant plus qu'un bonheur n'arrive jamais seul. Ce sont tous les assassinés de la terre qui prennent la fuite en compagnie du Fils de l'Homme, et qui font le tour du monde à la barbe de tous les assassins.

Avant son exécution, Celui qui va devenir l'assassiné en fuite glorieuse et éternelle fonde l'humanité, que l'Église du Christ se doit d'anticiper, par deux gestes et une parole.

– *Premier geste :* Le fils de l'Homme fait cause commune et corps commun, non seulement avec les hommes, mais avec tout l'univers.

Au cours du dernier repas d'amitié, le Fils de l'Homme a le geste de la rupture nécessaire du pain pour qu'il soit mis en commun et partagé. Il parle la force symbolique de son geste : le pain, la nourriture de base dont vous avez besoin pour subsister, vivre et grandir, je l'ai dans la peau. C'est mon corps livré pour vous. Parce que tout ce avec quoi je fais corps, c'est mon corps. Le Fils de l'Homme proclame le contraire du slogan qu'arrache à des femmes le scandale d'être frustrées de l'initiative du don personnel de leur corps : « Mon corps est à moi. » Le Fils de l'Homme, synthèse vive d'humanité de l'homme et de la femme, affirme : C'est mon corps volontairement livré pour que tous, hommes, femmes, enfants, peuples, vous ne formiez qu'un seul corps. Puis, le Fils de l'Homme lève la coupe de vin à la santé de tous les hommes et de tous les peuples; car ce vin, le luxe d'amitié indispensable à la fête universelle, ce n'est pas mon sang versé en sacrifice au Père Tout-Puissant pour le rachat barbare de l'offense faite à Dieu. Ce n'est pas le sang de ma mort. C'est la circulation de mon sang, principe de vie, jusqu'à ce qu'il soit versé pour l'avènement de la communauté humaine, où chacun se lie avec tous et tous avec chacun.

Le sens d'une parole aussi forte, réalisatrice du geste qu'elle prononce, est clair pour ceux qui la parlent et l'écoutent dans son lien avec toutes les autres paroles, avec tous les faits et gestes du tribun Jésus comme, par exemple, l'impossibilité prouvée de servir à la fois deux maîtres, Dieu et l'argent. Il n'existe aucune équivoque sur le sens à donner au grand mot tout simple : « ce pain, c'est mon corps ». Par conséquent, le pain qu'ici à l'autel nous mettons en commun, n'allons pas le privatiser, le stocker ailleurs! Ce propos clair pour qui veut l'entendre et le pratiquer échappe à presque tout le monde s'il n'est plus parlé mais récité comme la formule sacerdotale, consécratoire au terme de laquelle, quoi qu'il en soit de la situation du monde, le Christ est *là,* d'une présence objective où ne passe plus rien de la subjectivité passionnément transformatrice du tribun Jésus. Je dis alors partout : mais qu'ai-je besoin de la présence de Celui auquel je crois, s'il est là comme une bûche, un objet sacré, une *Res,* une Chose divine inanimée, d'autant plus divine qu'elle est inanimée, sans réaction ni vibration? Ce n'est pas mon Sauveur, mon Libérateur, l'Homme-Dieu qui ne serait là qu'« objectivement ».

Chacun peut éprouver que la présence objective d'une connaissance, d'une personnalité officielle, d'une relation sociale pour une grande douleur, un deuil, n'a rien, absolument rien d'une présence *réelle.* Et voilà ce à quoi l'on réduit notre Dieu, la Personnalité théandrique de l'Homme-Dieu, l'enfant, l'avenir commun de l'humanité, le Fils de l'Homme. L'heure est venue d'attaquer de front l'idée d'une présence physique, matérialiste, réaliste, chosiste, caricaturale de la « présence réelle », et de lui substituer, au nom de la plus classique des théologies, la réalité d'une présence sacramentelle. Comme l'écrivait Thomas d'Aquin du Jésus historique et du Christ de la Communion : *« Non alius sed aliter. »* Ce n'est pas un autre Jésus-Christ. C'est bien lui qui est là, mais autrement.

C'est toujours à des frères prêtres ou plutôt apôtres du tribun Jésus que je dois la parole sans réplique. En me montrant les fidèles qui allaient recevoir Jésus à l'autel, le prêtre bien présent, lui, me dit : « Regardez-les; ils avalent des hosties, ils ne communient pas. » Il ne faudrait tout de même pas prendre le pape pour le P.-D.G. d'une firme gigantesque de consommateurs de petites hosties, incapables du geste de communion existentielle, le seul geste capable de structurer la société humaine afin qu'elle devienne l'humanité. Je ne veux pas contribuer à former des idolâtres de l'hostie consacrée, de l'objectivité divine, au stand de la religion sur le marché déguisé en société. Je ne veux plus donner Dieu à consommer à des bouches ouvertes ou même à des mains tendues, mais vivre de la présence réelle du don total dans son geste à la hauteur de tous, du pain rompu et partagé. Sans une telle perspective, nous ne faisons plus que de la théophagie, du cannibalisme sacré. J'ai souvent l'impression, non pas de la grande bouffe, mais d'une maigre petite bouffe de Dieu, à longueur d'années...

Bernard Besret avait jadis, du temps de l'abbaye de Boquen, une merveilleuse et naïve expression : « Nous célébrons la communion comme un apéritif. » La vraie messe du tribun Jésus est un lever de rideau. Il s'agit d'ouvrir l'appétit du plus grand nombre possible d'hommes, afin qu'ensemble nous désertions les comptoirs et autres guichets d'observation ennuyée du prochain pour devenir les convives du festin universel. Le refrain de la fête est toujours à réinventer : les exclus sont les élus.

La sortie de la torpeur des églises et des temples exige des prêtres et des pasteurs, qui réalisent l'union indissoluble de la Parole et de la célébration de la Joie du monde. Mais c'est la vocation de tout homme à laquelle je convoque : être à la fois orateur, acteur et célébrant de la convivialité universelle.

Sur le chemin de la fête mondiale, je vois un obstacle énorme : l'Église catholique ne se relève pas de la condamnation par Pie XII des prêtres ouvriers. Toutes les voix sacerdotales pourraient dire le mot du Verbe fait homme et pain de l'homme; toutes les mains consacrées de prêtres admirables, mais aussi de prêtres diplomates, guerriers, financiers, pourraient faire le geste de Celui qui ne fait main basse sur rien, toutes sauf... les mains travailleuses du prêtre, coupable de mettre la main à la pâte pour vivre la condition ouvrière du Dieu fait homme à l'ère industrielle.

Il est plus que temps de substituer au palais du Tout-Puissant et de son vicaire la belle œuvre du charpentier, père et fils, qui tient table commune pour tous les exclus. Car Dieu s'est fait homme, que Diable! et non pas prêtre.

– *Deuxième geste :* Pour fonder l'humanité, la mettre au monde en création, le Fils de l'Homme s'est souvenu du geste scandaleux, magnifiquement spectaculaire d'une femme, de surcroît courtisane.

Il s'est souvenu du chef-d'œuvre joué, improvisé par celle qui fut sans doute Marie-Madeleine. La plus belle des grandes premières, une pure création jaillie du plus tendre et du plus profond de l'humanité, brille dans l'acte de laver, d'embrasser les pieds du Fils de l'Homme, de les essuyer des forêts de sa chevelure, de follement les parfumer. Le tribun Jésus est si bouleversé par ce geste créateur, imprévisible pour l'Imprévu lui-même, Dieu, qu'il en vient à dire que l'on ne pourra plus raconter l'Évangile sans l'histoire de ses pieds lavés, embrassés, inondés d'un parfum d'infinie tendresse, parce qu'elle fait connaître à tout le monde la femme reconnaissante, de tout son amour, du premier homme, du Fils de l'Homme, qui ne la traite pas en femme fatale. Ainsi germe chez le tribun Jésus l'idée incroyable, utopique de laver lui-même, comme le dernier de tous, les pieds des autres, pour que tous les hommes se lavent mutuellement les pieds. Ce geste fou est l'unique solution de notre crise : ne pas changer seulement les titulaires du pouvoir maintenu en l'état dominateur, mais changer la nature même du pouvoir. A la place d'une minorité qui tient la masse humaine sous ses pieds, l'idée que Marie-Madeleine transmet à Jésus, de se laver mutuellement les pieds, de se mettre au service les uns des autres, renverse, du geste seigneurial d'une toute neuve Seigneurie, la logique même de tous les rapports humains, des relations internationales aux relations de couple. Pierre n'en revient pas : « Toi, le Maître, me laver les pieds à moi le serviteur, jamais! » Jésus lui répond : « Ce que je fais, tu ne peux le comprendre maintenant. Tu le comprendras plus tard. » Après deux mille ans, les papes, les hommes d'État et d'Église n'ont toujours pas compris cette mise en scène symbolique et prophétique d'un passage du pouvoir des uns sur les autres à l'acte de pouvoir mondialement se lier d'amitié les uns aux autres : la tête mise partout aux pieds, la Pâque du pouvoir, la femme « défatalisée » par Jésus l'a réalisée d'un seul coup. Il est donc scandaleux que la célébration de ce geste soit exclusivement masculine.

Toute l'éloquence du Verbe procède directement de ces deux gestes. Il ne joint pas le geste à la parole, mais la Parole au Geste.

La Parole en le seul Verbe, c'est la question que je pose au tout-venant, dans les trains, les cafés, n'importe où et à n'importe qui : « Connaissez-vous le Commandement nouveau? » Virginie me répond : « Est-ce qu'il est dans la liste? » Non, Virginie, on ne le trouve jamais dans la liste. Il est hors série et, si tu le pratiques avec le plus grand nombre possible, tu seras hors-la-loi.

Le Commandement nouveau a ceci d'original et de neuf, d'innovation radicale, qu'à la différence de l'amour de Dieu et du prochain, il n'y a pas d'un côté celui qui aime, de l'autre, l'objet aimé, mais uniquement l'amour mutuel d'estime, de création des uns par les autres. La méconnaissance du Commandement nouveau d'amour de réciprocité permet la justification de la pire autocratie et du principe hiérarchique au nom de l'amour tyrannique. On ne peut à la fois se lier d'amitié les uns aux autres – comme le Fils de l'Homme est notre ami à en mourir exécuté, pour rebondir plus loin que la mort – et tolérer des rapports humains, des rapports sociaux, des rapports d'Église, où les uns sont subordonnés aux autres. Le Commandement nouveau d'amour mutuel, d'égal à égal, est le contrordre d'absolument tous les ordres. Parce que celui-là seul qui ne donne aucun ordre et ne fait de personne sa créature, mais éveille en tous le créateur, peut se payer le luxe d'enfin commander la seule chose au monde qui ne se commande pas : « Aimez-vous les uns les autres comme je vous ai aimés. »

Sans faire un procès permanent à l'Église, il faut d'urgence recréer l'unité perdue des deux gestes et de la Parole. L'esprit sacral, clérical et cultuel abstrait toujours la messe de ses deux compagnons inséparables : le lavement des pieds, le Commandement nouveau. J'entends aujourd'hui la voix de nos vieux pères qui s'acharnaient violemment sur la redécouverte, jugée moderniste, de la messe dans sa réalité fondatrice de l'humanité, de repas fraternel, convivial. Non, hurlaient-ils, ce n'est pas le banquet universel des amis... C'est le sacrifice. Il en résulte ce qui s'étale encore sous nos yeux : un christianisme sacrificiel, même non sanglant. Plus précisément, un catholicisme quantitatif du sacrifice de la messe. Plus on dit de messes à valeur infinie d'offrande expiatoire, plus Dieu est satisfait. Voilà donc, à peine sublimé, le Dieu à deux faces, le Dieu Janus, Ubu-Dieu, dont la conception sacerdotale des messes engraisse la panse omnipotente. J'ai sous les yeux un échantillon de cette mystique bancaire des messes : « Un trésor à exploiter... La mort de Notre-Seigneur Jésus-Christ sur la croix, voilà le grand trésor. Le saint sacrifice de la messe est la clef qui nous ouvre ce trésor... »

Nous y voilà! Un christianisme de clef du coffre! La messe nous ouvre la porte de la Trésorerie générale du sacrifice. Mais, patience! Nous progressons dans le burlesque :

« Exploitons ce trésor...

– en assistant souvent et dévotement à la sainte messe,

– en faisant célébrer des messes,

– en nous unissant par la pensée aux messes qui se célèbrent dans le monde à toute heure du jour et de la nuit. Il se célèbre plus de quatre cent mille messes par jour, soit cinq élévations par seconde... Qui s'y unit s'en empare. Faisons-nous donc un salaire éternel. »

L'usine, vous dis-je, l'usine eucharistique avec travail aux pièces, aux messes! Quant à moi, j'ai fait mon choix : mort au sacrifice! J'ai choisi la pure représentation du don total de Dieu pour le don mutuel de tous à l'échelle de l'humanité. Je ne dirai plus jamais le Canon III avec l'inacceptable : « Regarde, Seigneur, le sacrifice de ton Église et daigne y reconnaître celui de ton Fils. » Je ne verserai plus dans la logique sacrificielle. Le Dieu quantitatif du sacrifice et des honoraires, comptes de messes, est mort en Jésus-Christ.

Il est urgent de ne pas laisser se développer trois divorces qui n'en font qu'un.

1) Arrêtons le divorce entre la messe du « pain, c'est mon corps », et l'acte de se mettre aux pieds les uns des autres, expression concrète, politique, du fait de s'aimer.

2) Arrêtons le divorce entre l'amour mutuel et son caractère de Commandement nouveau. Séparé du Commandement nouveau, l'*Aimez-vous les uns les autres...* (même « comme je vous ai aimés ») n'est plus qu'une vieille rengaine.

3) Arrêtons le divorce entre le Commandement nouveau lui-même et la pratique politique d'une effective mise aux pieds les uns des autres. Pour l'exprimer de façon radicale, le Commandement nouveau d'amour mutuel rend un son creux, n'est plus que vaine et dérisoire gentillesse, s'il ne s'effectue pas, ne se pratique pas joyeusement à l'intérieur d'une lutte pour la transformation de la nature du pouvoir, le passage du pouvoir exercé sur les autres à l'acte de pouvoir éveiller mutuellement l'infini de nos possibilités créatrices, bref la Pâque du pouvoir.

L'Église du Christ a un avenir inouï pour peu qu'elle abdique son pouvoir, cesse de traiter de pouvoir à pouvoir, de Saint-Siège à César, et renaisse en contre-pouvoir de tous, au nom du Commandement nouveau d'amour mutuel par la pratique structurante d'un monde convivial, de la mise aux pieds les uns des autres.

Une parole résume de manière fulgurante ce que veut nous donner à entendre le Fils de l'Homme : « Imagine l'homme en tant qu'homme dans son rapport au monde comme rapport humain, alors tu ne peux qu'échanger l'amour contre l'amour, la confiance contre la confiance... Si tu aimes sans susciter un amour réciproque, c'est-à-dire si ton amour en tant qu'amour ne provoque pas la réciprocité, si, par ta manifestation vitale en tant qu'homme aimant, tu ne te transformes pas en homme aimé, ton amour est impuissant, c'est un malheur. » On peut penser que, seul, un spiritualiste était capable de pressentir qu'il n'y avait d'amour que dans la réciprocité, que la réciprocité créatrice était inhérente à l'amour. Erreur! Le texte est de Marx [1].

Je suis ordonné à la célébration de la convivialité universelle inaugurée par le tribun Jésus. Donc, pas « sub-ordonné ». L'acte de célébrer implique l'acte de proclamer la Parole qui fait corps avec lui. L'autel est par conséquent ma tribune pour l'invitation à la table de tous. Je n'ai pas joie plus vive que de dire : Toi, qui aimes le monde d'une passion telle que tu y mets ta Parole, ton Fils, et te compromets toi-même avec lui jusqu'au bout, nous t'appelons,

1. Karl Marx, manuscrit de 1844 : *L'Argent,* tome II, « Économie », La Pléiade, Gallimard.

nous te prions. Que ce pain et ce vin soient mangés et bus par ceux-là mêmes qui les produisent, afin qu'ils deviennent pour nous le corps et le sang de Jésus le Christ, notre salut public, notre Sauveur, notre libération. La veille de son exécution comme insoumis à l'ordre du monde, au moment d'être livré et d'entrer librement dans sa Passion, il prit le pain, le dit bien, ce qui signifie le bénit, le rompit et le donna à ses disciples, ses partisans, ses amis, en leur disant : « Prenez, mangez-en tous car c'est mon corps livré pour vous. Faites-le en mémoire de moi. »

Comme l'écrivait mon ami François, avant de mourir : « Il n'a pas dit *dites-le* mais *faites-le.* » Il n'y a rien là de sacerdotal car c'est le geste de l'apôtre. Plus même, puisque je le fais *in persona Christi,* il devient mon acte du Christ en personne.

Je suis acteur. Bien au-delà d'une vieille entrée en religion, j'entre en sympathie universelle. J'interprète fidèlement le rôle du Verbe en rébellion permanente d'humanité. Je l'apprends par cœur, je le joue de tout mon être, à la millième représentation comme à la première. Je me mets dans la peau de mon rôle, je le crée comme je l'ai promis, comme j'en ai donné ma parole sans plus jamais la reprendre, dans l'ordre, non pas seulement des frères prêcheurs, mais des auteurs-acteurs du Commandement nouveau d'amour mutuel.

Ma parole donnée, je la tiendrai jusqu'à la mort, et plus loin encore. Car je sais enfin de quel mal je mourrai; j'en suis déjà mort tant de fois. Car je sais enfin de quel mal je ressusciterai; j'en ai déjà ressuscité tant de fois. Un mal qui ne vous laisse pas le temps d'un plus petit fil à la patte, de la moindre « liaison », tant il vous fait devenir le fou absolu du lien avec tous, un pur liant. De ce mal qui finira par m'emporter, puisqu'il m'emporte déjà, je connais tous les symptômes : à chaque entrée en scène, le tremblement de tous les membres, le sol qui se dérobe, la recherche d'un point d'appui dont je sais bien qu'il n'existe pas, la gorge qui se serre, la guerre intestine, l'envie contradictoire de fuir à mille lieues et de ne jamais quitter amis et ennemis, le sentiment d'être moi-même à partir de mille personnes et d'être intimidé par une seule, la panique du gamin, de l'adolescent et aussi du vieillard rajeuni lors de son premier aveu d'amour. Bref, le trac. Je regarde, ahuri, monter chez moi des ressources de tendresse insoupçonnées, qui n'ont d'égale que ma puissance de mépris pour les atrophiés du symbole, les avortés du rêve, les scribes. A recréer poètes. Je le connais, mon mal; j'ai attrapé le virus du tribun Jésus, le juif apatride qui refuse toujours de se laisser naturaliser israélien ou même chrétien.

Exécuté pour régicide, parricide et déicide, il se relève méconnaissable et affirme que Dieu n'a plus la Parole puisque c'est la Parole qui est Dieu, Lui, le Verbe de son Père.

Au fond, quand je publie, je rends public ce qui n'a jamais été privé. Renoncer à un amour au milieu du flot des amours dans une société dont le dernier mot n'est pas l'amour, mais le fric, le trafic, oui, renoncer au grand amour d'une femme par vœu de chasteté apostolique n'a de sens que pour jouer le rôle d'une double déclaration d'amour sans fin à tout le monde, et de guerre totale au tout-marché déguisé en société, meurtrier, dépeceur de tous ceux, de toutes celles que j'aime... Toi, mon unique au monde, menacé dès ta naissance par la machine à décerveler, à calculer, toi, mon unique au monde dans un monde à créer d'uniques au monde, quel long chemin de toi à moi, de moi à toi! Mais ce long chemin de toi à moi, de moi à toi, c'est le plus court chemin de moi à moi! Je le dis follement au premier venu, à la dernière venue, mon premier amour, mon unique amour. Et, si c'est ambigu comme le Fils de l'Homme, tant pis, et surtout tant mieux! Aussi, quand on me demande : « Mais pour qui te prends-tu? » Mais voyons, c'est enfantin, pour Dieu, bien sûr! Il s'est bien pris pour moi!

Table

II. Théogenèse I : à fils insurgé, Père partisan

III. Théogenèse II : à Père partisan, Fils de l'Homme

IV. Théogenèse III : à Père partisan et à Fils de l'Homme, Esprit incendiaire du monde

« Paroles vives »

Le Jardinier, de Roger BICHELBERGER.
Jésus, fils de l'homme, de Khalil GIBRAN.
Paroles du Passant, de Jean SULIVAN.
De miel et de fiel, d'Alain CHAPELLIER.
Confiteor, de Bernard BESRET.
Le Moine et le Poète, d'Emmanuel MUHEIM.
La Contagion de Dieu, de Jacques PAUGAM.
L'Égypte intérieure ou les dix plaies de l'âme, d'Annick de SOUZENELLE.
Une vérité singulière, d'Yves PRIGENT.
La Conversion du regard, de Michel BARAT.
L'Unité maintenant, de Roger BICHELBERGER.
Fidèle rebelle, de Jean CARDONNEL.

*Cet ouvrage a été composé
et achevé d'imprimer sur Roto-Page
par l'Imprimerie Floch à Mayenne,
pour les Éditions Albin Michel
en août 1994.*

*N° d'édition : 13821. N° d'impression : 36086.
Dépôt légal : septembre 1994.*

Imprimé en France.